Kleine Geschichte Mittelfrankens

Franz Metzger

Kleine Geschichte Mittelfrankens

Verlag Friedrich Pustet
Regensburg

Bibliografische Information der Deutschen Nationalbibliothek
Die Deutsche Nationalbibliothek verzeichnet diese Publikation in der Deutschen Nationalbibliografie; detaillierte bibliografische Daten sind im Internet über http://dnb.dnb.de abrufbar.

Gutenbergstraße 8 | 93051 Regensburg
Tel. 0941/920220 | verlag@pustet.de

ISBN 978-3-7917-3171-1
Reihen-/Umschlaggestaltung und Layout: Martin Veicht, Regensburg
Satz: Vollnhals Fotosatz, Neustadt a. d. Donau
Druck und Bindung: Friedrich Pustet, Regensburg
Printed in Germany 2020

eISBN 978-3-7917-6180-0 (epub)

Inhalt

Vorwort

Es war die enge Anlehnung an Napoleon I., den Vollender und Überwinder der Französischen Revolution, die dem Kurfürsten Max I. Joseph von Bayern 1806 die Königskrone und viele neue Untertanen im Frankenland bescherte. Der neue, moderne Staat der Wittelsbacher sollte nun auch nach modernen Prinzipien regiert werden. Dazu gehörte die Einteilung in überschaubare Verwaltungseinheiten, ähnlich den französischen Departements. Ebenfalls dem französischen Vorbild entsprach die Benennung nach Flüssen: Obermainkreis, Untermainkreis, Rezatkreis. Als Teil seiner „Charmeoffensive", um die noch immer zögerlichen Neu-Bayern im Norden für sich und sein Haus zu gewinnen, genehmigte der nächste Bayernkönig, Ludwig I., die Umbenennung in Ober-, Unter- und Mittelfranken, womit der alte Stammes- und Regionalname Auferstehung feiern konnte.

In ihren neuen Verwaltungsbezirken fanden sich die Franken mit Nachbarn höchst unterschiedlicher Geschichtserfahrung zusammengespannt. Am einheitlichsten war noch Unterfranken, das hauptsächlich aus Gebieten der ehem. Fürstbistümer Würzburg und Mainz zusammengesetzt und überwiegend katholisch war. In Oberfranken bestand dagegen ein schroffer Kontrast zwischen der ehem. Markgrafschaft Bayreuth, hohenzollerisch-preußisch geprägt und evangelisch, und dem katholischen Ex-Fürstbistum Bamberg.

Eine Polarisierung gab es aber auch in Mittelfranken: Hier die Lande der früheren Markgrafschaft Ansbach, dort die fünf ehem. Freien Reichsstädte Nürnberg, Rothenburg, Dinkelsbühl, Weißenburg und Windsheim. Die mochten zwar alle der Reformation gefolgt sein, hatten aber jahrhundertelange Konflikte, inklusive verheerender Kriegsaktionen, nicht vergessen. Einen relativ kleinen katholischen Gegenpol lieferten die Lande, die vom Eichstätter Bischof oder vom Deutschen Orden regiert worden waren. Hinzu kamen etliche ehem. Reichsritter- und Reichsfürstenlande.

Die Geschichte der in unserem Regierungsbezirk zusammengefassten Lebensräume ist also komplex und verlangt einen häufigen Wechsel des Blickpunkts. Die rein räumlichen Beschränkungen einer „Kleinen Geschichte“ müssen auch dazu führen, dass nicht jede Gemeinde oder Herrschaft angemessen abgehandelt werden kann, wofür ich um Verständnis bitte. Es erschien mir wichtig, die bedeutendsten Ereignisse und Entwicklungen der mittelfränkischen Geschichte in größere Zusammenhänge einzufügen und so verständlicher zu machen. Manches interessante und aufschlussreiche Detail musste daher beim Redigieren auf der Strecke bleiben. Mein Dank gilt den vielen ZuarbeiterInnen der Fachliteratur und dem Kulturreferat der Bezirksregierung von Mittelfranken sowie der Naturhistorischen Gesellschaft Nürnberg für ihre Unterstützung. Bedanken möchte ich mich auch beim Lektoratsteam Pustet für die inspirierte Zusammenarbeit.

Trotz des harzigen Beginns hat sich in den über 200 Jahren seines Bestehens im Regierungsbezirk Mittelfranken ein Gemeinschaftsgefühl entwickelt, das die unterschiedlichen historischen Hintergründe nicht nur respektiert, sondern sie auch als Bereicherung eines gemeinsamen kulturellen Erbes versteht. Ich hoffe, dass dieses Buch seinen Leserinnen und Lesern Anstoß geben mag, sich intensiver mit diesem Erbe zu beschäftigen.

Nürnberg, im Sommer 2020 Franz Metzger

Bevor die Franken kamen – Ur- und Frühgeschichte

Prolog: Ein ganz besonderer Vogel

Seinen ersten Beitrag zur Weltgeschichte leistete Mittefranken vor rund 150 Mio. Jahren: Da bedeckte das ausgedehnte Jurameer unser Gebiet. In den Wassern jagten Flugsaurier nach Fischen, und das ging nicht immer gut. Verunglückte Flugsaurier stürzten ins Meer, und ihre Kadaver versanken in Sedimentschichten, in denen die härteren Körperteile versteinerten. Diese Schichten, schließlich von tektonischen Bewegungen angehoben, bildeten die langgezogene Gebirgskette des Jura. Durch deren östlichsten Teil, die Fränkische Alb, gruben sich Flüsse ihren Weg, darunter die Altmühl auf ihrem Weg zur Donau. Das Tal bot fruchtbares Siedlungsland, und es entwickelten sich Dörfer und Städtchen, darunter Solnhofen.

Zum wichtigen Arbeitgeber der Region wurden die Steinbrüche; der Solnhofer Plattenkalk war weithin gesucht für Fliesen und Wandverkleidungen. Schon die Römer nutzen ihn zur Ausgestaltung ihrer Bäder; als Baumaterial fand er seit dem Mittelalter weite Verbreitung. Einen gewaltigen Aufschwung fand der Plattenkalk-Abbau, als Alois Senefelder (1771–1834) die Lithographie erfand, eine Reproduktionstechnik, für die der fränkische Kalk die ideale Grundlage bot.

Mit dem intensiveren Abbau häuften sich auch die Funde von Fossilien. Solnhofen wurde zum Mekka der Urgeschichtsforscher, die sich auf die geschulten Augen der Steinbrucharbeiter verlassen konnten. 1860 wurde so im Gemeindesteinbruch eine fossile Feder entdeckt, eine kleine Sensation, da aus der Jura-Epoche bislang keine Vögel bekannt waren. Der Frankfurter Paläontologe Hermann von Meyer gab dem Fund und dem dazugehörigen noch unbekannten Tier den Namen *Archaeopteryx* („Urfeder“). Ein weiterer Fund ein Jahr später machte die Sensation perfekt: Im Kalk eingebettet fand sich da

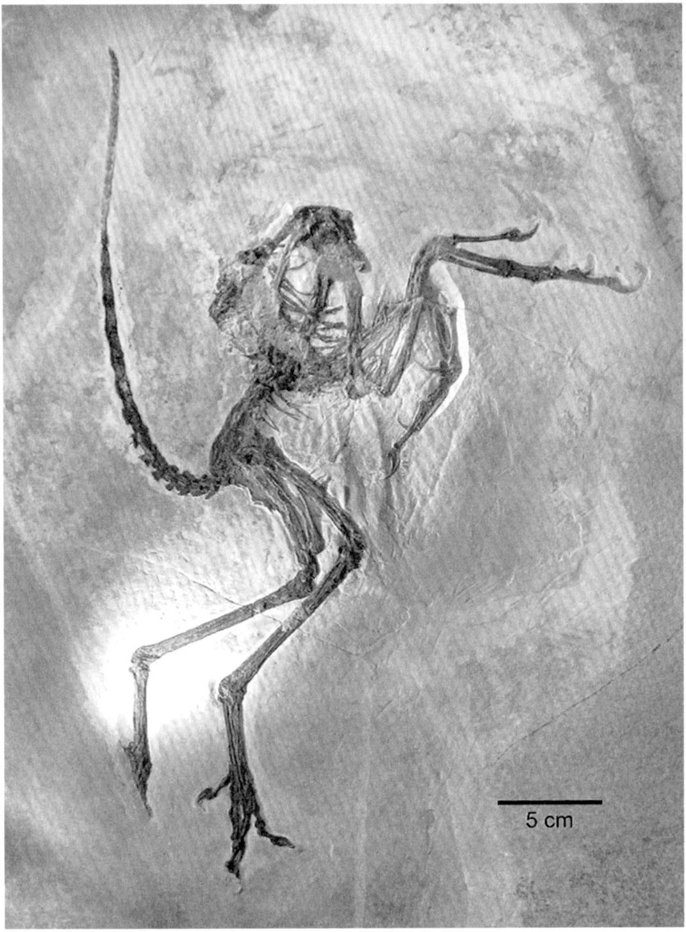

Kronzeuge der Evolutionstheorie: Mit dem Fund des „Urvogels" *Archaeopteryx* schrieb Solnhofen Wissenschaftsgeschichte.

der Körperabdruck eines Geschöpfes, dessen Körperbau, Flügelarme und zahnbesetzter Schnabel es eindeutig als flugfähigen Saurier auswiesen. Statt einer Saurierhaut trug das Tier aber ein Federkleid.

Um die Dramatik dieses Fundes zu begreifen, muss man sich vergegenwärtigen, dass nur zwei Jahre zuvor Charles Darwins Grundsatzwerk „Von der Entstehung der Arten“ erschienen war, mit dem er die Evolutionstheorie postulierte. Umgehend hatte sich eine hitzige Kontroverse entwickelt. Was Darwin und seine Gefolgsleute benötigten, waren „missing links“, Belege für den Übergang von einer Spezies zu einer anderen. Der Archaeopteryx hätte als Glied zwischen Sauriern und Vögeln nicht besser erfunden worden sein können. Doch er war real – so real, dass Richard Owen, einer der hartnäckigsten Gegner Darwins, umgehend den Solnhofer Fund kaufte, um ihn in einer Schublade verschwinden zu lassen. Ein sinnloses Manöver, da der fränkische Plattenkalk in den folgenden Jahrzehnten weitere Exemplare des „Urvogels“ preisgab.

Dass sich die Evolutionstheorie schließlich durchsetzte, war also auch Steinbrucharbeitern und -besitzern aus Mittelfranken zu verdanken.

Jäger, Sammler, Ackerbauern

Vom bislang ältesten menschlichen Bewohner Mittelfrankens ist gerade einmal ein Backenzahn geblieben: Den fanden Archäologen der Friedrich-Alexander-Universität Erlangen-Nürnberg 1986 in den Fundschichten der Höhlenruine von Hunas bei Pottenstein (Kr. Nürnberger Land). Der Zahn gehört eindeutig einem Mitglied der Spezies *Homo sapiens neanderthalensis* und wird anhand der Fundschichten auf etwa 120.000–100.000 Jahre vor unserer Zeit datiert. In tieferen, also noch älteren Schichten (ca. 200.000 Jahre) wurden einfache Steinwerkzeuge gefunden. Die Hunas-Höhle bewahrte demnach die ältesten Belege menschlicher Aktivität in Bayern.

Der Besitzer des Zahns und seine Sippe lebten während der Würm-Eiszeit im fränkischen Jura. Im Vorland der gewaltigen Gletscher, die sich aus den Alpen herausgeschoben hatten, bestand damals eine weitgehend baumlose Tundra, die erfahrenen Großwildjägern, wie es die Neandertaler waren, gute Bedingungen bot.

Mit dem Rückzug der Gletscher änderten sich die Landschaft und das Siedlungsmuster: Statt in Höhlen lebten die Mittelsteinzeitmenschen als Jäger und Sammler in einfachen Unterständen und Hütten, für die sandiger Boden, wie er in Mittelfranken weit verbreitet ist, vorteilhafter ist als Wald und Sumpf. Außer einigen Steinwerkzeugen sind aus dieser Epoche wenig Zeugnisse erhalten.

Die Jungsteinzeit sah eine der großen Umwälzungen der Menschheitsgeschichte: Aus der Pannonischen Tiefebene (heute Ungarn) brachten Siedler ab etwa 7000 v. Chr. Ackerbau und Viehzucht nach Mitteleuropa. Damit einher ging die Sesshaftigkeit – der Mensch musste seiner Nahrung nicht folgen, sondern hatte sie vor der Haustür. Karge Sandböden eigneten sich allerdings weniger für die neue Kultur. Entsprechend verschob sich das Siedlungsmuster in Mittelfranken, in dem sich von nun an eine bestimmte Kontinuität feststellen lässt. Eines der besten Beispiele bietet Landersdorf bei Thalmässing, wo Siedlungsspuren aus der Eisen- über die Bronze- bis in die Jungsteinzeit der „Chamer Gruppe" (ca. 3500–2500 v. Chr.) ausgegraben wurden. Auf Initiative der Naturhistorischen Gesellschaft Nürnberg entstand hier inzwischen ein Geschichtsdorf rekonstruierter Gebäude, an denen sich die Lebensumstände von Steinzeitbauern, Kelten und Bajuwaren miterleben lassen.

Für die Aufbewahrung ihrer Nahrung entwickelten die frühen Bauern die Töpferei von Tongefäßen, die sie mit bandartigen Mustern versahen; die Wissenschaft nennt sie daher die Bandkeramiker. Während diese Kultur in unserem Gebiet Spuren hinterließ, scheint sich die nachfolgende „Glockenbecherkultur" in Mittelfranken nur langsam ausgebreitet zu haben. Dies könnte daran gelegen haben, dass ihre Vertreter etwas suchten, was in Mittelfranken selten war: Erze, aus denen sich Metalle herausschmelzen lassen – wir stehen am Beginn der Metallzeit. Deren erste Epoche, die Bronzezeit, dürfte Franken erst um 1700 v. Chr. erreicht haben. Hortfunde, wie jene von Nürnberg-Mögeldorf oder Henfenfeld, belegen dann auch für unseren Raum das Sammeln von „Altmetall" zum Einschmelzen und Wiederverwenden.

Bronzezeit in Franken

Die Bronzezeit sah nicht nur einen Wandel in den Gebrauchsgegenständen, vom Schmuck bis zu den Waffen, sie sah auch die Entwicklung eines ganz Europa umspannenden Handels- und Kommunikationsnetzes. Der Transport der Basismetalle Zinn und Kupfer zu den Verarbeitungsstätten verband sich mit einem Austausch anderer Güter; ein Beispiel dafür ist das Schwert von Hammer, bei dem sich mykenische Elemente mit einheimischer Tradition verbanden. Ein erster europäischer Wirtschaftsraum entwickelte sich, und dieser Raum kam auch sozial und politisch in Bewegung: Es bildeten sich spezialisierte Berufsgruppen wie Metallverarbeiter und Fernhändler heraus. Spezialisierung wie Austausch führten dazu, dass bestimmte Personenkreise Reichtum und größeren Einfluss gewannen. Es entstand eine Führungselite, welche die Geschicke der Gemeinschaft bestimmte, aber auch eine Expansion ihres Machtbereichs anstrebte. Diese Hierarchisierung der Gesellschaft gipfelte in der Ausbildung eines Fürstenstandes, dessen Repräsentanten in mächtigen Hügelgräbern beigesetzt wurden.

Ab dem Beginn des 2. Jtds. hatte sich so in Mitteldeutschland die Aunjetitzer Kultur ausgebildet, die für rund 400 Jahre ein erstes „Reich“ mit eigener Hochkultur auf deutschem Boden schuf. Mangels schriftlicher Aufzeichnungen wissen wir allerdings wenig über Strukturen und Organisation dieser und nachfolgender bronzezeitlicher Kulturen. Spektakuläre Funde wie die Himmelsscheibe von Nebra oder die verschiedenen Goldhüte weisen aber auf eine differenzierte Gesellschaftsordnung mit hochentwickeltem technischem, wissenschaftlichem und spirituellem Wissen hin.

Eiserne Zeiten und keltische Städte

Neben der Aunjetitzer Kultur konnten die Archäologen in der frühen Bronzezeit weitere Kulturkreise mit ebenfalls vor-staatlichen Strukturen bestimmen. Eine dieser Kulturen ist die sog. Riesgruppe, deren bislang wichtigster Fundort das Gräberfeld

Der Goldhut von Ezelsdorf

An der Grenze zwischen Mittelfranken und der Oberpfalz kam es im Februar 1953 zu einem archäologischen Sensationsfund: In seinem Waldstück der Gemarkung Ezelsdorf-Buch (Gde. Burgthann) sah sich der Maurermeister Michael Dörner beim Roden von einem großen Stück goldglänzenden „Blechs" behindert. Seine Frau sammelte die zerhackten Fundstücke ein und zeigte sie – neugierig geworden, ob es nicht doch Gold sein könnte – ihrem Zahnarzt. Als sich die „Diagnose" bestätigte, wurde glücklicherweise das Germanische Nationalmuseum informiert, wo man nach mühseliger Rekonstruktion eines der großen Rätsel der Bronzezeit bewundern konnte: einen fast 90 cm hohen, mit vielen Punzierungen geschmückten Goldkegel.

Die frühgeschichtliche Archäologie kennt nur vier dieser aufwendigen Kultgegenstände: Einer wurde bei Schifferstadt gefunden, ein weiterer bei Avanton in Westfrankreich. Der Fundort des vierten Kegels, der in Berlin aufbewahrt wird, ist ungeklärt, dürfte aber ebenfalls im süddeutsch-französischen Raum vermutet werden. Sinn und Zweck dieser Goldkegel wurden lange und widersprüchlich diskutiert. Heute tendiert die Forschung zu der Deutung, dass die spitzen Kegel von Priestern bei Zeremonien als Hüte getragen wurden; die aufwendige Ornamentierung dürfte einen Kalender darstellen. Diese Ausrichtung auf die Dokumentation von Himmelskörpern fügt die „Goldhüte" in die hochstehende bronzezeitliche Kultur zwischen ca. 1500 und 1000 v. Chr. ein, die uns u.a. auch die Himmelsscheibe von Nebra hinterlassen hat. Mittelfranken muss also Teil dieses Kulturkreises mit seinem hoch entwickelten Handelsnetz gewesen sein. Wo sich das Zentrum befunden haben könnte, in dem die Priester den Ezelsdorfer Goldhut den Zeitgenossen präsentierten, ist bis heute ein Rätsel.

von Wettenheim (Stadt Treuchtlingen) ist. Diese Ganzkörperbeisetzungen wurden nach 1300 v. Chr. durch das Vordringen einer neuen Kulturform, vermutlich durch Zuwanderung, verdrängt, welche die Spätbronzezeit bestimmte: Die Angehörigen der „Urnenfelderkultur" verbrannten ihre Toten und setzten die Asche bei.

Der Goldhut von Ezelsdorf belegt die Einbindung Mittelfrankens in die Hochkultur der Bronzezeit.

Dass die Zeiten härter wurden, belegen Spuren auf dem nahen Hesselberg, wo jetzt Befestigungs- und Verteidigungsanlagen angelegt wurden. Diese sind auch ein Hinweis auf den nächsten großen Einschnitt der Frühgeschichte: Aus dem Nahen Osten hatte sich die Kunst der Eisenverarbeitung ausgebreitet und wurde von Völkerschaften vorangetrieben, deren Eisenwaffen der Bronze deutlich überlegen waren. Im Gegensatz zu Zinn und Kupfer ist Eisenerz sehr viel weiter verbreitet – auch im fränkischen Raum –, so dass sich diesbezüglich eine höhere „Waffengleichheit" herausbildete. Die eisenzeitlichen Epochen der Hallstatt- (ab ca. 800) und La-Tène-Zeit (ab ca. 450) brachten so eine einheitliche Zivilisation hervor, deren Träger sich nun auch ethnisch als Kelten einordnen lassen.

Die keltische Kultur war in ihren Strukturen eine Fortschreibung der Urnenfelder-Zeit: Die Menschen lebten zum Teil in offenen Siedlungen, schützen sich aber in Wallburgen, die bis mehrere Tausend Menschen umfassen konnten und vorzugsweise auf leicht zu verteidigenden Hochplateaus errichtet wurden. Es gab eine arbeitsteilige Gesellschaft mit spezialisierten Handwerkern, geführt von einer fürstlichen Elite und spirituell von Druiden betreut. Eine bedeutende Keltenstadt bestand auf der Houbirg bei Hersbruck, die ihrerseits auf einer spätbronzezeitlichen Wallburg aufbaute. Von dort aus durchzogen wichtige Handelswege ganz Mittelfranken zu anderen Keltenzentren wie Manching, dem Staffelberg oder dem Würzburger Marienberg. Kleinere Verteidigungsstellungen waren als Viereckschanze angelegt, wie sie z. B. in Ohlangen bei Thalmässing ausgegraben wurde.

Die keltische Kultur blühte und wurde damit wohl Opfer ihres eigenen Erfolgs. War es ein zunehmender Bevölkerungsdruck? Eine Erschöpfung der Böden durch Übernutzung? Ende des 5. Jhs. v. Chr. erfasste jedenfalls eine große Unruhe die keltischen Völkerschaften in Mitteleuropa. Mehr und mehr Gruppen setzten sich in Bewegung, stießen auf der Suche nach neuem Lebensraum bis Rom, Spanien und Kleinasien vor. Die große Wanderung dünnte die Bevölkerung auch im fränkischen Raum aus, wie die seltener werdenden Funde zeigen.

In dieses Vakuum stießen germanische Siedler vor, während gleichzeitig eine andere Hochkultur in Gestalt einer Weltmacht ihre Legionsadler bis an die Rezat führte.

Vorposten des Römischen Reichs

Das letzte Jahrzehnt des 1. Jhs. n. Chr. brachte für Mittelfranken einen bedeutenden Einschnitt seiner Historie: Aus der

Tor zum Imperium: Rekonstruktion der Limesbefestigung am römischen Kastell *Biriciana* (Weißenburg).

Vorgeschichte, die nur durch archäologische Forschung und Interpretation erschlossen werden kann, wurde der südliche Teil unseres Gebietes in eine komplexe Hochkultur katapultiert. Die hier Lebenden wurden Bürger eines Imperiums, das sich von der Iberischen Halbinsel bis zum Euphrat und von der Nordsee bis zur Sahara erstreckte.

Noch unter Kaiser Augustus (reg. 26 v.–14 n. Chr.) hatten die Strategen des Römischen Reichs das von Kelten besiedelte Voralpenland bis zur Donau unterworfen. In der neuen Provinz Raetia blühte umgehend die römische Zivilisation auf. Neben der militärischen Infrastruktur mit einem hochwertigen Straßennetz entstanden Städte mit allen urbanen Annehmlichkeiten und einer differenzierten Bevölkerung aus Handwerkern, Kaufleuten, Dienstleistern und Staatsbeamten. Händler brachten Güter aus allen Teilen des Imperiums und exportierten heimische Produkte in den gesamten römischen Wirtschaftsraum. Villen und Landgüter der Oberschicht verteilten sich über fruchtbare Anbaugebiete und brachten auch der Landbevölkerung römische Zivilisation nahe.

Unter Kaiser Domitian (reg. 81–96) überschritten römische Legionäre und Ingenieure die Donau, um die Reichsgrenze, den „Limes“, weiter in germanisches Gebiet vorzuschieben. Es ging dabei nicht um großflächige Eroberung, sondern um die Verbreiterung des Verteidigungsvorfeldes der Provinz Raetia. Gleichzeitig sollte eine verkürzte Verbindung zur Grenze der Provinz Germania hergestellt werden, die vom Taunus durch den Odenwald bis zur Schwäbischen Alb verlief. Der Vorstoß der Römer endete am Fuße der Frankenalb; die Grenze verlief nun vom Hesselberg durch die Täler von Wörnitz, Altmühl und Rezat, um hinter Weißenburg über die Alb zur Mündung der Altmühl in die Donau zu verlaufen. Ihren nördlichsten Punkt erreichte die neue Reichsgrenze beim Kastell von Gunzenhausen.

Eine Mauer gegen Räuber und Migranten

Die erste Befestigung bestand aus einem Palisadenzaun mit Wachttürmen und dazwischen eingefügten Toranlagen, welche die Verbindung zum „Barbarenland“ herstellten. Es dauerte bis weit ins 2. Jh., ehe der Limes seine klassische Form als durchgängige Steinmauer mit hölzernen Wehrgängen zu den in regelmäßigen Abständen eingefügten Wachttürmen fand. Durchgänge waren jetzt als massive Torbefestigungen angelegt. In 1 bis 5 km Abstand zur Grenzmauer entstanden Kastelle, befestigte Militärlager für 250 bis zu 1000 Legionäre und Hilfstruppen, welche die Wachttürme besetzten und als schnelle Eingriffstruppe reagieren konnten. Die Kastelle folgten einem architektonischen Masterplan: Das quadratisch bis rechteckige Feldlager wurde von zwei sich kreuzenden Hauptachsen unterteilt, die zu vier Eingangstoren führten. Kommandantur und die wichtigsten Verwaltungs- und Vorratsgebäude befanden sich am Kreuzungspunkt.

Über die genaue Funktion der Limesanlage wurde lange kontrovers diskutiert. Heute herrscht weitgehende Übereinstimmung, dass es sich dabei weniger um einen Verteidigungswall gegen Barbarenhorden handelte, sondern vielmehr um ein „Frühwarnsystem“ und eine Kontrolle von Handel und Migration. Die Bewegung von Menschen und Waren konnte so überwacht und gesteuert werden, und sollten sich doch einmal auf Raub ausgerichtete Banden zeigen, würde die Nachricht durch optische Signale von Wachtturm zu Wachtturm und zu den Kastellen weitergegeben. Während man dort in Alarmbereitschaft trat, konnten, wenn nötig, die Legionen im Hinterland in Marsch gesetzt werden. Die eindrucksvolle Grenzanlage machte zudem jedem Ankommenden klar, dass von hier an römisches Recht und römische Interessen zählten.

Neben dem Kastell entwickelte sich in der Regel eine Zivilsiedlung *(vicus)*, in der sich Handwerker und Händler niederließen, welche die Truppen versorgten, aber auch den Güteraustausch mit der Bevölkerung jenseits der Limes-Tore organisierten. Diese Vici konnten eine beachtliche Einwohnerzahl erreichen und besaßen dann auch die Annehmlichkeiten, die ein römischer Stadtbewohner erwartete: Thermen, Theater, Tempel und Foren. Ein gut erschlossenes Beispiel für das Leben in Römisch-Mittelfranken bietet *Biriciana*, das Kastell und die Zivilsiedlung auf dem Stadtgebiet von Weißenburg. Im Kastell war die I. Spanische Kavallerieeinheit „Aureliana" stationiert. Unter den wohl 2500–3000 Bewohnern *Biricianas* um 200 werden sich Menschen aus vielen Teilen der römischen Welt befunden haben, und man kann davon ausgehen, dass diese Internationalität auch in Stammesland vor der Grenze Niederschlag fand.

Der Limes fällt

Während der Limes seine endgültige Gestalt annahm, braute sich jenseits der Grenze Unheil zusammen. Mehr und mehr Germanenstämme begaben sich auf die Suche nach neuem Siedlungsland und zogen andere Volksgruppen mit sich. Das erschlossene Kulturland des Imperiums erschien besonders verlockend. Einen ersten großflächigen Angriff auf die Reichsgrenze entlang der mittleren und unteren Donau konnten die Römer in drei Markomannenkriegen zwischen 168 und 180 n. Chr. zurückschlagen. Die Hauptaktionen spielten sich im Raum zwischen Böhmen und Ungarn ab; die dadurch ausgelösten

Zeuge stürmischer Zeiten ist der „Römerschatz", den ein Bewohner *Biricianas* hastig vergrub.

Migrationsbewegungen könnten erstmals germanische Siedler in den südfränkischen Raum verschlagen haben.

Das Ende des Limes kam dann aber aus anderer Richtung: Im Vorland zwischen Mittelrhein und oberer Donau sammelten sich seit dem Beginn des 3. Jhs. germanische Stammesverbände, die später unter dem Begriff Alamannen zusammengefasst wurden. Die Zahl ihrer Krieger war schließlich so groß, dass sie es wagten, die Grenze auf die Probe zu stellen, deren Abwehrfunktion kläglich versagte – auch eine Folge der zerrütteten innenpolitischen Verhältnisse Roms. 233/34 überrannten die Alamannen in breiter Front den obergermanisch-raetischen Limes und zogen plündernd durch die Provinzen. Grenzwall, Kastelle und Zivilsiedlungen konnten nochmals repariert werden. Die nächsten Angriffe brachten dann aber den Untergang: Kastelle und Siedlungen wurden geplündert und niedergebrannt, die vielen Hortfunde zeugen vom verzweifelten Versuch der Bewohner, zumindest einen Teil ihrer Schätze zu retten. Dass sie sie nicht mehr bergen konnten, lässt düstere Rückschlüsse auf ihr Schicksal zu.

Zeitlich eingrenzen lässt sich diese Katastrophe durch Münzfunde: Die letzten Prägungen des großen Horts von Gunzenhausen stammen von 241; in *Biriciana*/Weißenburg können sie auf 253/54 datiert werden. Die römische Militärführung

Der Römerschatz im Spargelbeet

Im Oktober 1979 legte ein Weißenburger Lehrer in seinem Garten am Stadtrand ein Spargelbeet an. Beim Ausheben stieß er in rund 30 cm Tiefe auf Metallgefäße und andere Kleinteile, die er als römisch einschätzte. Weiteres Graben brachte immer neue Gefäße, Statuetten und Kunstwerke zutage. Insgesamt wurden 20 Bronzefiguren geborgen, in der Mehrzahl Götterdarstellungen, dazu Bronzegefäße, Bronzebeschläge und silberne Votivplättchen. Besonders eindrucksvoll sind die drei Gesichtshelme aus Bronze als Teil von Paraderüstungen. Unter den eisernen Objekten fanden sich ein Klappstuhl und eine Waage.

Trotz der unfachgemäßen Bergung des Fundes ließen sich die Umstände einigermaßen genau abklären: Die Gegenstände wurden wohl in einer Holzkiste in einer Grube unter Bauschutt verborgen, was auf einen Rettungsversuch während eines feindlichen Angriffs (Verwahrfund) schließen lässt. Ein solcher Angriff auf das Grenzkastell *Biriciana* und seine Zivilsiedlung ist für das Jahr 233 n. Chr. überliefert; die finale Eroberung und Zerstörung erfolgte während des Limessturms 253/54. Die Zusammensetzung des Hortes lässt auf einen Tempelschatz schließen; mehrere Gegenstände sind der keltisch-römischen Fruchtbarkeitsgöttin Epona geweiht. Seit der Restaurierung sind die Fundstücke Ausstellungs-Mittelpunkt des Römermuseums Weißenburg (www.museum-weissenburg.de).

Wenige Kilometer nördlich von *Biriciana*/Weißenburg und näher am Limes wurde bei Ellingen ein kleineres Kastell *(Castra Sabionetum)* entdeckt und vollständig freigelegt. Seine Besatzung bestand aus Soldaten der III. Italischen Legion.

Ein weiteres bedeutendes Kastell befand sich bei Ruffenhofen an der Wörnitz. Es war Stützpunkt der 9. Kohorte der Bataver, Kundschafter. Der westgermanische Volksstamm der Bataver lebte am Niederrhein; aus Ruffenhofener Fundstücken lässt sich aber ablesen, dass es in dieser Kohorte auch Berufssoldaten aus anderen Teilen des Imperiums gab. Das Kastell von Ruffenhofen ist von besonderem archäologischem Interesse, da es nie überbaut wurde. Die Strukturen werden heute durch unterschiedliche Bepflanzung sichtbar gemacht und sind Teil des dortigen Römerparks und Limeseums (www.limeseum.de).

beschloss, die Grenze wieder an die Donaulinie zurückzuverlegen, wo sie bis ins 5. Jh. mit Müh und Not gehalten werden konnte. Für Franken war die Zeit als Teil des Römischen Reichs aber Vergangenheit.

Zuwanderer und Gauburgen

Das entstandene Machtvakuum füllten ab dem 4. Jh. Neusiedler von eindeutig germanischer Zugehörigkeit. Diese Zuwanderung war offensichtlich organisiert und von einer Adelsschicht geleitet. Nur so ist die Anlage von „Gauburgen" zu erklären – befestigte Höhensiedlungen auf Bergplateaus, in die sich die Bewohner der umliegenden Dörfer flüchten konnten. In Mittelfranken finden sich dafür Beispiele auf der Gelben Bürg bei Dittenheim (Kr. Weißenburg-Gunzenhausen) und auf der Houbirg bei Happurg (Kr. Nürnberger Land).

Aber bereits um 500 waren nahezu alle Gauburgen zwischen Franken und Baden-Württemberg zerstört und aufgegeben. Über die Ursache kann nur spekuliert werden. Eine Theorie hat die Stämme der Sueben und Vandalen in Verdacht, die bei ihrer Wanderung Richtung Gallien dieses Gebiet geplündert haben könnten. Überhaupt ist die Fundlage für die nachrömische Epoche sehr dünn, was aber keinen menschenleeren Raum bedeuten muss. Eher schwach besiedelt war das Land zwischen Altmühl und Rednitz auf jeden Fall; für die Zuordnung der Bewohner ist man auf römische Quellen angewiesen, die für diesen Bereich Alamannen, Juthungen und Burgunder aufzählen. Letztere wanderten im 5. Jh. Richtung Rhein, wo sie um Worms ihr erstes Reich begründeten.

In den herrschaftslosen Raum stießen nun die Thüringer vor, die sich vom Mittelelbegebiet immer weiter nach Süden ausbreiteten. Ihr König Herminafried (reg. ca. 510–534) erhob Anspruch auf das Land bis zur Donau. Er vermählte sich mit einer Nichte des Ostgotenkönigs Theoderich des Großen (reg. 491–526), wohl auch in der Hoffnung, einen mächtigen Verbündeten gegen eine neue Konkurrenz zu finden: Die Franken klopften an die Tür des Landes, das ihren Namen tragen würde.

Der Weg ins Frankenreich

Neue Siedler braucht das Land: Franken und Slawen

Im fernen Reims kam es an einem Weihnachtstag Ende des 5. Jhs. – das genaue Jahr ist umstritten – zu einem Ereignis, dessen Folgen die Geschichte unseres Gebiets prägten und ihm letztlich seinen Namen gaben: Chlodwig, Heerkönig der fränkischen Stämme, stieg in das Taufbecken, um sich und sein Volk zum Teil der Christenheit zu machen.

Dieses Volk war aus dem Zusammenschluss verschiedener Frankenstämme am Niederrhein entstanden. Bruktrer, Salier, Sugambrer, Tenkterer und Chattuarier waren von den Sachsen nach Westen abgedrängt worden und erkannten die Notwendigkeit der Zusammenarbeit in wirren Zeiten. Die Römer gaben diesem Verbund den Namen *franci*, was „die Kühnen" oder „Mutigen" bedeutete und offensichtlich Respekt ausdrückte. Die Römer versuchten jedenfalls, die Franken als Bundesgenossen *(foederati)* zur Verteidigung der Grenze zu gewinnen, und wiesen ihnen Siedlungsland auf gallischem Boden zu. Als das Weströmische Reich im 5. Jh. endgültig zerfiel, hatte sich im heute nordfranzösisch-belgischen Raum ein geschlossenes fränkisches Territorium gebildet, über das die Heerkönige aus der nach dem Vorfahren Merowech benannten Merowinger-Dynastie geboten.

Im Frankenreich

Einer engeren Verbindung mit der eingesessenen gallo-römischen Bevölkerung standen allerdings kulturelle Hindernisse entgegen, v.a. in der Religion. Hier eine Brücke zu schlagen, war das Hauptmotiv der Taufe Chlodwigs. Damit war die Einheit des Glaubens zwischen der Bevölkerung und ihren neuen Herren hergestellt. Das Frankenreich hatte an Stabilität wie an Dynamik gewonnen – und die Unterstützung der Kirche.

Nachdem er den Großteil des alten Gallien unterworfen hatte, wandte Chlodwig sich gen Osten, gegen die germanischen Stammesverbände diesseits des Rheins. Noch zu seinen Lebzeiten – er starb 511 – wurden die Alamannen unterworfen; seine Söhne zwangen bis 535 auch die Thüringer unter die fränkische Krone, welche die unterworfenen Gebiete an zuverlässige Gefolgsleute weiterverleihen konnte.

Diese „Eroberungen“ werden in erster Linie darin bestanden haben, dass Angehörige des fränkischen Adels zentrale Orte besetzten oder neu errichteten, um von dort eine rudimentäre Kontrolle über die Bevölkerung auszuüben, deren Alltag sich kaum änderte. Die Menschen lebten in kleinen Siedlungen, die sich um einen Herrenhof scharten, und bebauten das Land als freie Bauern oder auch als Sklaven. Ethnisch dürfte es sich um eine Vermischung germanischer Siedler mit einer keltisch geprägten Vorbevölkerung gehandelt haben.

Die Einbeziehung in den Machtbereich der Merowinger wie auch die seit der Mitte des 6. Jhs. beginnende Landnahme durch Neusiedler aus den fränkischen Kernlanden lassen sich am ehesten an Grabbeigaben ablesen. Die eindeutig fränkisch geprägten Reihengräberfelder von Westheim und Dittenheim belegen, dass die Flusstäler von Altmühl und Wörnitz als Sualafeldgau eine Hauptachse der „Frankisierung“ des Landes waren. Auch Ortsnamen, die sich aus -heim und einem Eigennamen zusammensetzen – meist demjenigen des jeweiligen Gründers –, weisen auf einen fränkischen Ursprung hin. Ein früher Stützpunkt der Franken wurde der Königshof Riedfeld beim späteren Neustadt an der Aisch. Das Rednitztal erreichte die Erschließung durch fränkische Siedler wohl erst im 7. Jh.

In diesem Gebiet traf man auf Konkurrenz aus dem Osten: Das zentralasiatische Reitervolk der Awaren hatte sich im 6. Jh. in der ungarischen Tiefebene niedergelassen und seinerseits Wanderungsbewegungen der zwischen Balkan und Ostsee siedelnden Slawen ausgelöst. Im 7. Jh. sickerten slawische Siedler entlang von Donau und Naab in den nordbayerischen Raum ein und gründeten zahlreiche Orte in Ober-, aber auch in Mittelfranken. Orts- und Gewässernamen, die auf -itz oder

-gast enden, sind Hinweise auf slawische Herkunft, ebenso Ortsnamen, die -wenden oder -winden enthalten, die fränkische Bezeichnung für Slawen. Ihre Verbindung mit einem Ortsnamen legt daher nahe, dass dieser mit der Unterwerfung unter die Franken geprägt wurde. Die Slawen waren gegenüber diesen im Nachteil, da hinter ihnen keine Staatsmacht stand, die ihren verstreuten Siedlungen Zusammenhalt gegeben hätte.

Ein Herzogtum für Franken

Um die Grenze zum Slawengebiet zu sichern, aber auch um des immer selbstbewussteren fränkischen Adels Herr zu bleiben, gründete der Merowingerkönig Dagobert I. († 638/39) ein eigenes Herzogtum für den fränkisch-thüringischen Raum, als dessen erster Träger ein gewisser Radulf berufen wurde. Der fränkische Heerführer schlug die Slawen in mehreren Gefechten zurück und brachte deren Siedlungsgebiet an Main und Rednitz in zumindest lose Abhängigkeit.

Mit diesen Erfolgen wuchs das Selbstbewusstsein Radulfs, der sich, wie der fränkische Chronist Fredegar schreibt, verhielt „als sei er König in seinem Gebiet“. Die Merowinger reagierten mit der Berufung eigener Herzöge aus der Familie der Hedenen; ihr Regierungssitz wurde Würzburg *(Virceburg)*. Von dort aus wurde die Konsolidierung der Frankenherrschaft im mittelfränkischen Raum vorangetrieben, der in die Gauorganisation einbezogen wurde – Nordgau für das gesamte Gebiet nördlich der Donau mit den Unterteilungen Rangau, Radenzgau und Sualafeldgau im heutigen Mittelfranken. Der relativen Eigenständigkeit Frankens unter den Hedenen wurde von Karl Martell († 741) ein Ende gesetzt, der als Hausmeier des Reichs die Merowinger entmachtete und eine straffe Staatsführung durchsetzte.

Glaubensboten aus fernem Land

Zur engeren Einbindung des mittelfränkischen Grenzlands sollte auch der christliche Glaube beitragen, der sich nur sehr

Im von ihm begründeten Dom von Eichstätt fand der Missionar Willibald seine letzte Ruhestätte.

oberflächlich im Umkreis der Führungsschicht ausgebreitet hatte. Die fränkischen Geistlichen waren häufig schlecht ausgebildet und mehr an einer formellen Erfüllung christlicher Handlungen als an einer echten Glaubensvertiefung interessiert. Die Landbevölkerung, ob Franken oder Slawen, lebte daher noch weitgehend in der spirituellen Welt ihrer Vorfahren. Eine systematische Missionierung war gefragt, und für diese

Aufgabe konnten die Herrscher des Frankenreichs auf einen Stoßtrupp aus fernen Landen zurückgreifen, die ihrerseits erst vor kurzem christlich geworden waren: Die Missionierung Irlands war das Werk des hl. Patrick (ca. 385–460) und seiner Schüler gewesen. Patrick gründete zahlreiche Mönchs- und Nonnenklöster, Geburtsstätten einer reichen Kultur, von Kunst und Gelehrsamkeit.

Der Elan ihres jungen Glaubens trieb die irischen Mönche aus der Geborgenheit ihrer Klöster hinaus. Als Missionare zogen sie durch das Frankenreich, wo sie auf Kollegen aus England trafen. 597 hatte Papst Gregor I. der Große 40 Benediktinermönche über den Kanal geschickt, dabei aber darauf gedrungen, dass die Verkündigung behutsam und in Anpassung an Landessitten erfolgen sollte. Gleichzeitig war darauf zu achten, engen Kontakt mit Rom zu wahren. Beides blieb prägender Faktor der angelsächsischen Mission im Frankenreich. In Mainfranken hatte die systematische Christianisierung schon im 7. Jh. begonnen; 741 wurde unter Federführung des hl. Bonifatius – der „Apostel der Deutschen" stammte aus England und hieß ursprünglich Wynfrid – das Bistum Würzburg errichtet, dessen Sprengel bis an das Rednitztal und den

Heidenheim – Keimzelle der Christianisierung

Das „Mutterkloster" Mittelfrankens, Heidenheim, wurde 752 von Wunibald im Waldland des Hahnenkamms gegründet. Der Missionar verstarb dort 761 und wurde in der Klosterkirche beigesetzt. Die Leitung übernahm Wunibalds Schwester Walburga, welche die Gründung als Doppelkloster für Mönche und Nonnen bis zu ihrem Tod 779 weiterführte. Als Benediktinerkloster bestand es bis 1537, als es im Zuge der Reformation von Markgraf Georg säkularisiert wurde.

Das Vorbild Heidenheims regte fränkische Grundherren zu eigenen Gründungen an; so erfolgte z. B. die Errichtung des Benediktinerstifts Herrieden an der Altmühl 782 durch einen gewissen Cadolt. Zum angelsächsischen Glaubens-Stoßtrupp gehörte auch der Missionar Sola, auf den die Gründung des Klosters Solnhofen nach 797 zurückgeht.

Rangau reichte. Die Missionierung dieses Gebiets übertrug Bonifatius Angehörigen seiner eigenen Familie, den Geschwistern Willibald, Wunibald und Walburga. Sie errichteten zahlreiche Kirchen und Klöster, die zu Pflanzstätten der Glaubensverkündigung wurden, bzw. regten deren Gründung an. So stiftete ein Edelfreier namens Gumbert 748 an der Mündung des Onoldsbaches in die Rezat ein Benediktinerkloster, die Ursprungszelle Ansbachs.

Bonifatius trat für die Gründung eines eigenen Bistums in Eichstätt ein; um 742 wurde Willibald zu dessen erstem Bischof berufen. Es umfasste fränkische, alemannische und bayerische Gebiete und sorgte – neben der seelsorgerlichen Betreuung – dafür, dass das kirchliche wie alltägliche Leben in die fränkische Reichsorganisation integriert war.

Eingebunden in das Karolingerreich

Das spätere 8. Jh. sah nicht nur eine engere religiöse Einbindung in das Frankenreich: Karl der Große (reg. 768–814) versuchte auch, die Macht der Krone gegen den lokalen Adel stärker durchzusetzen. An den Straßen und Flüssen wurden im Abstand von Tagesreisen (25–30 km) befestigte Rast- und Vorratshäuser angelegt. Diese dienten dann auch den „Königsboten“ als Stützpunkte. Die *missi Dominici* waren Vertraute des Herrschers, die, stets zu zweit, die ihnen zugewiesenen Bezirke bereisten, um Botschaften des Kaisers zu überbringen, die Ausführungen der Gesetze zu kontrollieren und überhaupt den örtlichen Grafen und Grundherren auf die Finger zu sehen. Sollte der Kaiser, der sein Reich vom Sattel aus regierte, selbst vorbeikommen, dienten ihm größere, zu Pfalzen ausgebaute Königshöfe als Residenz auf Zeit. Die bedeutendste Pfalz der Karolinger- und Ottonenzeit im östlichen Franken war Forchheim, bis es im 11. Jh. von Nürnberg abgelöst wurde.

Unter dem Schutz des Großreichs entfaltete sich während des 9. Jhs. im fränkischen Raum eine weitere Phase der Landnahme und Ortsgründungen, die durch den Zusatz -dorf oder -hausen gekennzeichnet sind. Sachsen bei Ansbach und weitere Orte mit

Ein Wasserweg für das Karolingerreich: Darstellung des Baus des „Karlsgrabens" in der mittelalterlichen Frieschronik.

Der Karlsgraben

Mit dem Römischen Reich war auch dessen hoch entwickeltes Straßensystem zusammengebrochen. Für schwerere Transporte wich man nach Möglichkeit auf Wasserwege aus. Mit flachen Booten versuchte man, schmale Flüsse wie Aisch, Altmühl, Wörnitz und die Rednitz mit ihren beiden Quellflüssen schiffbar zu machen. Die schwäbische Rezat nähert sich bei Dettenheim bis auf 3 km der Altmühl.

Um das mühselige Umladen auf Fuhrwerke für diesen kurzen Abschnitt zwischen Main und Donau zu vermeiden, ließ Karl der Große ab 783 „einen großen Graben zwischen Alcmona (Altmühl) und Radantia (Rezat)" ausheben, wie die Reichsannalen festhalten. Nach einer Quelle des 9. Jhs. hatte er allerdings wenig Erfolg: „Wegen anhaltender Regenfälle und weil das sumpfige Erdreich von Natur aus viel Nässe enthielt, konnte das begonnene Werk nicht vollendet werden. So viel Erdreich die Arbeiter tagsüber ausgruben, so viel rutschte über Nacht wieder zurück." Archäologische Untersuchungen an erhalten geblieben Spuren der „Fossa Carolina" lassen aber den Schluss zu, dass der „Karlsgraben" doch fertiggestellt und wohl auch genutzt wurde.

Karls Traum von einem funktionierenden Wasserweg wurde erst 1846 vom Bayernkönig Ludwig I. umgesetzt.

dem Zusatz -sachsen sind dagegen Gründungen, in denen aus ihrer Heimat deportierte Sachsen angesiedelt wurden. Dieser Stammesverband leistete dem fränkischen Machtanspruch 30 Jahre lang erbitterten Widerstand, den Kaiser Karl durch Umsiedelungen zu brechen hoffte.

Von Ostfranken zum Herzogtum Franken

Seit dem 8. Jh. findet sich in Quellen immer häufiger der Begriff *Francia orientalis*, Ostfranken. Mit der Aufteilung des Reichs Karls des Großen in zunächst drei, später zwei Herrschaften unter karolingischen Regenten wurde der Begriff dann auf den gesamten östlichen Reichsteil übertragen, der mit der Wiederbelebung des Kaisertitels unter Otto I. 962 zum „Heiligen Römischen Reich“ wurde. Dessen Teil nördlich der Alpen setzte sich aus Stammesherzogtümern zusammen – Sachsen, Schwaben, Bayern, Lothringen.

Für das Gebiet rund um den Main mit dem Zentrum Würzburg setzte sich der Begriff „Franken“, nunmehr ohne „Ost-“, durch, ohne dass sich eine vergleichbare Macht der Herzöge ausgebildet hätte. Deren Rolle wurde zu großen Teilen und mit Unterbrechungen vom Würzburger Bischof übernommen.

Kaiser, Grafen, Bürger – Das hohe Mittelalter

Kronland Franken

Der Niedergang der karolingischen Kaisermacht, die auch durch die Aufteilung des Reiches in Westfranken (Frankreich), Ostfranken (Reich der Deutschen) und Lothringen-Italien nicht aufgehalten werden konnte, erlaubte es dem örtlichen Adel, mehr und mehr königliche Rechte an sich zu ziehen. Er öffnete aber auch Machtkämpfen die Tore, die im fränkischen Raum in der „Babenberger Fehde" zwischen der gleichnamigen Adelsfamilie und den Konradinern kulminierten.

Als der letzte ostfränkische Karolinger, Ludwig IV. „das Kind", der 900 mit sechs Jahren in Forchheim gekrönt worden war, 911 erbenlos starb, wurde Konrad von Franken von den Großen des Reichs zum König der Deutschen gewählt. Franken war damit Kronland und wichtiges Machtzentrum des Herrschers geworden, und diese Rolle behielt es durch das ganze Mittelalter hindurch.

Mit dem Tod des Konradiners Eberhard 937 konnte Otto I. (reg. 936–973) die Macht in Franken neu verteilen. Babenberger und Popponen wurden zu Bischöfen und Grafen erhoben, daneben gewannen die Markgrafen von Schweinfurt aus einer Linie der Babenberger Land und Einfluss auch im östlichen Franken. In den zahlreichen Konflikten, die Otto mit seiner eigenen Familie auszufechten hatte, spielte Franken eine wichtige, dem Kaiser loyale Rolle. 954 schloss Otto mit seinem rebellischen Sohn Liudolf Frieden am Königshof Langenzenn („Zenna") bei Fürth, wie er überhaupt häufig nach und durch Franken reiste.

Auch beim langwierigen Konflikt Ottos I. und seiner Erben mit dem Neffen bzw. Vetter Heinrich „dem Zänker" war die Beherrschung Frankens wesentlich. Als der Sohn des Zänkers, Heinrich II., nach dem Tod Ottos III. 1002 Anspruch auf die

Königswürde erhob, gewann Heinrich die Unterstützung des Babenbergers mit dem Versprechen, diesem das Herzogtum Bayern zu übertragen – was der später heiliggesprochene Kaiser aber nicht einhielt. Prompt kam es zu kriegerischen Auseinandersetzungen zwischen Kaiser Heinrich und dem Markgrafen, in deren Verlauf auch ein Stützpunkt des Schweinfurters auf einem Sandstein-Plateau über dem Pegnitztal zerstört wurde.

Nürnberg tritt aus dem Schatten der Geschichte

Wann auf dem Nuorinberc („Felsenberg") die erste Befestigung angelegt worden war, verliert sich im Nebel der Geschichte. Archäologisch gesicherte Spuren am rechten Pegnitzufer lassen sich inzwischen bis in die Mitte des 9. Jhs. zurückdatieren. Dies könnte auf eine ursprünglich slawische Besiedelung hinweisen, was für die „deutscheste der Städte", in denen die Nazis ihre Rassengesetze verkündeten, nicht ohne historische Ironie wäre.

Ab dem 10. Jh. mehren sich die archäologischen Funde. Handwerker und Händler ließen sich nieder; vermutlich gab es schon zur Ottonenzeit einen Königshof. Die salischen Kaiser Konrad II. und Heinrich III. ließen dann auf dem Burgfelsen eine Pfalz errichten, die zum Zentrum ihrer Regierungstätigkeit in Franken wurde. Auf einem Hoftag wurde am 16. Juli 1050 im Namen Heinrichs III. das Dokument ausgestellt, auf dem erstmals „gegeben zu Nürnberg" *(actum Nuorenberc)* vermerkt ist.

Die Pfalz auf dem Burgfelsen mit ihrem Bedarf an Handwerkern und Dienstleistern lockte mehr und mehr Zuwanderer in die Siedlung zu ihren Füßen, die den alten Königshof umfasste. Auf dem Südufer der Pegnitz entwickelte sich ein zweiter Siedlungskern um einen weiteren Königshof und eine Kapelle, die dem hl. Laurentius (St. Lorenz) geweiht war. Ursprünglich dürften beide Siedlungen für sich befestigt gewesen sein; die vorletzte Stadtumwallung aus dem 13. Jh. umschloss beide Stadtteile und wurde zum Rahmen einer reichsstädtischen Erfolgsgeschichte.

Sigena und Sankt Sebald

Gegenstand der „Geburtsurkunde" Nürnbergs war eine Leibeigene namens Sigena, der auf Wunsch ihres Leibherrn Richolf vom Kaiser die Freiheit gegeben wurde. Weder über Richolf noch über Sigena gibt es weitere Informationen, auch nicht, welches Motiv hinter der Freilassung stand. Sigena ging dennoch in die Nürnberger Legenden ein und wurde Namensgeberin einer Schule und einer Straße.

Legenden umwuchern auch das wenig dokumentierte Leben des Stadtheiligen Sebaldus. Angeblich ein Edelmann, lebte er in der 1. Hälfte des 11. Jhs. als Einsiedler im unerschlossenen Reichswald südöstlich von Nürnberg. Die Klause des Eremiten zog viele Ratsuchende an, und bald verbreiteten sich Geschichten von Wundertaten. Als Sebaldus (wohl nach 1050) verstorben war, setzten die Nürnberger den Leichnam in einer Kapelle bei, die rasch zum Pilgerziel wurde. Eine Wallfahrt zu seinem Grab ist seit 1072 belegt, auch wenn die Heiligsprechung auf Drängen des Nürnberger Rates erst 1425 erfolgte. Die Stadt feierte das Ereignis mit achttägigen Prozessionen.

Im 13. Jh. wurde mit dem Bau der mächtigen gotischen Kirche begonnen, in welcher der silberbeschlagene Schrein mit den Gebeinen des Heiligen seit 1519 im Sebaldusgrab des Peter Vischer, einem Meisterwerk der Gießkunst, aufbewahrt wird.

Ein neues Bistum, eine neue Burggrafschaft

Doch zurück zum Anfang des 11. Jhs. und zu Heinrich II. Dieser wollte das Grenzgebiet zu den noch „heidnischen" Slawen nicht nur militärisch, sondern auch missionarisch sichern. Dazu sollte die Siedlung zu Füßen der Stammburg der besiegten Babenberger, zu Bamberg verkürzt, Sitz eines Bischofs werden. Nach zähen Verhandlungen stimmten die deutschen Bischöfe 1007 zu: Bambergs Sprengel wurde aus den Bistümern Würzburg und Eichstätt entnommen. Die Bistumsgrenze zwischen Eichstätt und Bamberg verläuft bis heute quer durch Mittelfranken, inzwischen durch das Stadtgebiet von Nürnberg.

Zum Grab des hl. Sebaldus entwickelte sich seit dem Hochmittelalter eine lebhafte Pilgerschaft. Das Bronzegehäuse ist das Werk Peter Vischers d. Ä. (1455–1529) und seiner Werkstatt.

Heinrich hatte gehofft, „sein" Bamberg zu einem der Regierungszentren des Reichs zu machen, das ja keine feste Hauptstadt besaß. Dass sich Heinrich mit seiner Gattin Kunigunde im Bamberger Dom beisetzen ließ, sollte ein weiterer Beitrag zu dessen künftiger Bedeutung werden. Diese blieb aber weitgehend auf die kirchenpolitische Rolle beschränkt.

Mit Heinrichs erbenlosem Tod hatte Bamberg seinen kaiserlichen Schutzherrn verloren. Die nachfolgenden Könige und Kaiser aus dem Haus der Salier (1024–1125) förderten das aufstrebende Nürnberg auf dessen Kosten. So wurde das Marktrecht des bambergischen Fürth, das die Furten am Zusammenfluss von Pegnitz und Rednitz kontrollierte, nach Nürnberg übertragen. Die ausgedehnten bambergischen Wälder um Nürnberg wurden dem Reichsgut zugeschlagen, wie weitere einst bischöfliche Territorien südlich von Forchheim. Ihre Verwaltung wurde Reichsministerialen übertragen, die, als Kern des späteren Landadels, Schutzburgen errichten durften.

Zu diesen aufstrebenden Familien gehörte das österreichische Geschlecht derer von Raabs, dem von Konrad III. die Verwaltung der Festung auf dem Nürnberger Burgberg als Zentrum des Reichslandes anvertraut wurde. Um 1105 wurde Gottfried von Raabs in den Rang eines Burggrafen erhoben. Weitere Ministerialen-Geschlechter, die im mittelfränkischen Raum Land- und Machtgewinn anstrebten, waren die Colmberger, die Truhendinger (Trüdinger), die von ihrer Burg Spielberg (bei Oberdachstetten) aus mit den schwäbischen Grafen von Oettingen konkurrierten, die Herren von Thann (Burgthann) oder die Abenberger, die zeitweise die Grafschaften von Radenz- und Rangau innehatten.

Im Kampf zwischen Papst und Kaiser

Heinrich IV. (reg. 1056–1106) förderte die Reichsministerialität als Gegengewicht zur Macht der Herzöge; die vielen Krisen seiner Regierungszeit öffneten dann Freiräume für den Ausbau dynastischer Herrschaften. Der lange und bittere Konflikt mit dem Papsttum, der als Investiturstreit in die Geschichte einging, spaltete das Reich ebenso wie der nachfolgende Konflikt des Kaisers mit seinem Sohn Heinrich V.

Im Investiturstreit hatte der Kaiser versucht, das Reichskirchensystem zu verteidigen, das auf seinem Recht beruhte, die Bischöfe mit ihren weltlichen Besitztümern zu belehnen, für die sie ihm Gefolgschaft zu leisten hatten. Für die Anhänger der kirchlichen Reformbewegung stellte dies einen Fall von „Simonie", von Ämterkauf dar, der die Geistlichkeit in Abhängigkeit von weltlichen Interessen brachte. Die kompromisslosen Forderungen Papst Gregors VII. und die harte Haltung des Kaisers führten zu dessen Exkommunikation. Damit waren alle Gefolgschaftspflichten hinfällig geworden und den deutschen Fürsten war freigestellt, einen Gegenkönig zu proklamieren.

Durch das Reich ging ein tiefer Riss. Die papsttreuen Fürsten und Bischöfe setzen mit Rudolf von Rheinfelden einen Gegenkönig ein, woraufhin der Kaiser seine Feinde in Acht und Bann erklärte. Im folgenden Bürgerkrieg, in dem Franken eine Schlüsselrolle spielte, erlitt Heinrich zwar mehrere Niederlagen, doch als der Rheinfeldener im Kampf gefallen war, schwächte dieses „Gottesurteil“ die papstfreundliche Partei nachhaltig. Heinrich eroberte wenig später Rom, wo er sich von einem Gegenpapst zum Kaiser krönen ließ.

Für die Opposition im Reich blieb Heinrich freilich ein der Krone unwürdiger Herrscher. Das moralische und politische Ansehen des Kaisertums bröckelte, und es war mit die Sorge um seine eigene Stellung, die Heinrichs gleichnamigen Sohn 1104 zur Rebellion trieb. Im folgenden Familienkrieg geriet der alte Kaiser rasch in die Defensive; eine seiner entscheidenden Verluste war die Kapitulation der Nürnberger Burg nach mehrmonatiger Belagerung 1105. Die abschließende „Versöhnung“ resultierte in der Abdankung des alten Heinrich zugunsten seines Sohnes.

Machtbasis im Stauferreich

Unangefochten konnte Heinrich V. (reg. 1106–25) mit dem Papsttum den Kompromiss des „Wormser Konkordats“ aushandeln. Dass er 1125 ohne männlichen Erben starb, hatte aber eine weitere Schwächung des Königtums zur Folge. Heinrich hatte seinen Neffen, Konrad von Hohenstaufen, den Herzog von Schwaben, als Nachfolger vorgesehen. Die Reichsfürsten wählten dann aber den Sachsen Lothar von Supplinburg zum König, was einen erneuten Fürstenkrieg zur Folge hatte. Zu den umkämpften Machtzentren gehörte einmal mehr Nürnberg, das 1130 von Lothars Truppen erobert werden konnte – ein schmerzlicher Verlust für die Staufer.

Das schwäbische Geschlecht hatte als treue Gefolgsleute der Salier eine steile Karriere gemacht. 1079 hatte Heinrich IV. den Staufer Friedrich I. mit dem Herzogtum Schwaben belehnt und ihm seine Tochter Agnes zur Frau gegeben, wovon die Söhne Konrad und Friedrich ihre Thronansprüche ableiteten.

Mit Hilfe der Staufer hoffte Heinrich V. seine fränkische Machtbasis zu erweitern. Als die Grafen von Rothenburg-Comberg ausstarben, übertrug er Konrad dieses Lehen; der ließ auf einem Bergsporn über der Tauber ab 1142 die Stadt Rothenburg anlegen und erhielt zudem den Titel eines „Herzogs von Franken“, hinter dem aber keine reale Machtbasis stand. Wichtiger war die Kontrolle des Reichslandes um Nürnberg, das nach Lothars Tod an Konrad zurückfiel, als dieser 1138 doch noch den Thron besteigen konnte.

Franken blieb unter Konrad III. († 1152) und seinem Nachfolger Friedrich I. Barbarossa († 1190) Kernland staufischer Reichspolitik; seine zentralen Orte Würzburg und Nürnberg sahen regelmäßige Aufenthalte der Herrscher zu Hoftagen. Die Nürnberger Festung wurde unter Barbarossa zu der mächtigen Kaiserburg ausgebaut, die bis heute das Stadtbild dominiert. Die Anforderungen einer häufigen Residenz auf Zeit förderten nachhaltig das Bevölkerungswachstum der Stadtsiedlung.

Die Staufer führten dem Reichsland weitere Besitztümer hinzu, in der Hoffnung, einen geschlossenen Machtkorridor von Eger an der böhmischen Grenze bis Rothenburg und von dort nach Schwaben zu schaffen. Große Teile Mittelfrankens kamen somit unter direkte kaiserliche Herrschaft. Lenkersheim wurde, mit Marktrecht versehen, zum Etappenort zwischen Nürnberg und Rothenburg. Von Weißenburg aus dehnte sich das Reichsterritorium Richtung Nördlingen und Donauwörth aus. Schwabach, das der Zisterze Ebrach geschenkt worden war, wurde zurückgekauft und der Nürnberger Burggrafschaft zugeschlagen.

Die Hohenzollern kommen

Ende des 12. Jhs. zeichnete sich ein Wechsel ab, der die weitere Entwicklung Mittelfrankens nachhaltig prägen würde: Der letzte Burggraf aus dem Hause Raabs war 1190 ohne männlichen Erben gestorben; seine Tochter war mit dem Grafen Friedrich von Hohenzollern verheiratet. Diese schwäbische Adelsfamilie hatte sich zwar zunächst auf die Seite König Lothars gestellt, sich dann aber als loyale Gefolgsleute ihrer staufischen Landsleute bewährt, und so verlieh Kaiser Heinrich VI. 1191 die Burggrafschaft dem Hohenzoller.

Anfang des 13. Jhs. wurden erneut wichtige Weichen gestellt: 1214 teilten die Söhne Friedrichs ihre Lande; der jüngere, Friedrich, erhielt die schwäbischen Besitzungen, der ältere, Konrad IV. (I.), die fränkische Burggrafschaft. Am 8. November 1219 verlieh Kaiser Friedrich II. Nürnberg den „Großen Freiheitsbrief", der die Stadt unter die direkte Herrschaft des Kaisers stellte und ihren Kaufleuten profitable Privilegien sicherte. Damit war der erste Schritt zur Freien Reichsstadt getan, aber auch die Rivalität mit den Hohenzollern festgeschrieben.

Bei der territorialen Ausdehnung hatten die Burggrafen zunächst die Nase vorn, konnten sie doch auf das Mittel dynastischer Heirat zurückgreifen. Konrad hatte die Erbtochter der Herren von Abenberg geheiratet und konnte so deren umfangreiche Territorien seinem Besitz hinzufügen.

Neben der Schirmherrschaft über das Kloster Heilsbronn, das die Hohenzollern zu ihrer Grablege erhoben, gehörte zum Abenberger Erbe auch Cadolzburg. Dort errichteten Konrad I. († 1260/61) und sein Sohn Friedrich III. († 1297) eine ausgedehnte Burganlage, von der aus sie ihre Ländereien regierten. Ihr eigentlicher „Amtssitz", die Nürnberger Burggrafenburg neben der Kaiserburg, unterlag ihnen zu sehr der Kontrolle der Stadtbürger und wurde in der Folge zunächst als Drohgebärde gegen Letztere genutzt.

Friedrich III. gelang ein weiterer Coup durch seine Ehe mit der Erbin des Hauses Andechs-Meranien: Das Aussterben dieser Familie 1248 brachte den Hohenzollern die Herrschaft über ausgedehnte Ländereien rund um Bayreuth in Oberfranken. Durch diesen Landbesitz wohlhabend geworden, konnten sie ihre Territorien durch Zukäufe erweitern, u. a. 1331 die spätere Residenzstadt Ansbach. Der hartnäckigste Keil im Bestreben der Burggrafen, ihren Landbesitz abzurunden, blieb aber die Reichsstadt Nürnberg.

Ritter des schwarzen Kreuzes

Das 13. Jh. sah die Ankunft weiterer Mitspieler um Macht und Landbesitz in Franken. 1190 hatte sich in Akkon im Heiligen Land ein weiterer Ritterorden nach dem Vorbild der Johanniter und Templer gebildet. Deren Aufgabe war der militärische

Wolfram, der Dichter aus Franken

„Nach übereinstimmender Meinung ist Wolfram von Eschenbach der größte Dichter des Mittelalters vor Dante", schrieb ein französische Historiker Ende des 19. Jhs., und über sein Hauptwerk, *Parsifal*, urteilt ein US-amerikanischer Mittelalter-Experte: „Durch ein geniales Wunder hat er ein Meisterwerk geschaffen, episch im Umfang, edel im Zweck, humorvoll, menschlich, zart und vernunftbetont." Über das Leben des Dichters ist nur wenig bekannt – er dürfte um 1170/80 geboren sein. Seine Hauptwerke *Parsifal* und *Willehalm* sind wohl zwischen 1200 und 1220 entstanden. Da letzteres Epos unvollendet blieb, dürfte er kurz danach gestorben sein.

Mit ziemlicher Sicherheit entstammte er einer Ritterfamilie mit Sitz im ehemaligen Obereschenbach bei Ansbach. Nach langem Streit zwischen mehreren Eschenbachs verlieh König Ludwig III. 1917 der Stadt den Namen Wolframs-Eschenbach. Wolfram dürfte weitere Güter in Pleinfeld besessen haben, da er auch als „Wolfram von Bleyenfelden" bezeichnet wurde. Das heutige Wolframs-Eschenbach gehörte damals den Grafen zu Wertheim, die zu Wolframs Förderern zählten.

In seinem großen, 25.000 paarweise gereimte Verse umfassenden Epos greift Wolfram westeuropäische Motive auf und verbindet die Erzählung vom Weg des Titelhelden vom „tumben Tor" zum Gralskönig mit Teilen der Artussage. Zentrale Botschaft ist das Bemühen, das Leben in der Welt mit dem Streben nach dem ewigen Heil zu verbinden. Dies schildert er mit kreativer Wortmacht, aber auch Sinn für Humor und Ironie. Sein Einfluss auf die Entwicklung der deutschen Sprache wird von der Literaturwissenschaft als außerordentlich hoch eingeschätzt.

Schutz der Pilger zu den heiligen Orten. Sie stellten die Elitetruppe des christlichen Königreichs Jerusalem, unterhielten aber auch Spitäler für kranke und sterbende Pilger.

Ein solches Spital, begründet von Kaufleuten und Pilgern aus norddeutschen Handelsstädten, wurde zur Kernzelle des Deutschen Ordens. 1198 bestätigte der Papst den neuen Orden, dessen Wappenzeichen das schwarze Kreuz auf weißem Grund wurde.

Mitfinanziert wurde das Wirken des Ordens durch Einkünfte aus Ländereien im heimatlichen Reich, die ihm von König, Fürsten und einfachem Landadel geschenkt wurden – mancher Ritter mochte so versucht haben, sein Fernbleiben vom eigentlichen Kreuzzug auszugleichen.

Mit dem Fall der letzten christlichen Bastion Akkon 1291 mussten sich die Ritter neue Aufgaben suchen. Der Deutsche Orden fand diese im Land der noch „heidnischen" Pruzzen im Norden Polens, wo die „Missionierung" mit militärischer Gewalt erfolgte, aber auch durch den Zuzug deutscher Siedler. Seit dem 14. Jh. hatte sich so an der baltischen Ostküste ein Ordensstaat bis an die Grenze Russlands gebildet.

Dieser Staat verzichtete keineswegs auf seine Besitztümer („Kommenden") im „alten Reich". Diese in sog. „Balleien" zusammengefassten, verstreuten Territorien wurden seit 1219 vom „Deutschmeister" verwaltet. Die Ballei Franken wurde dank vieler Schenkungen eine der reichsten; Sitz ihres Landkomturs wurde Ellingen, wo der Ortsherr Wilhelm von Ellingen ein Spital gestiftet hatte, das er 1216 dem Orden übertrug. Weitere wichtige Besitzungen in Mittelfranken waren das Amt Absberg und die Kommenden (Wolframs-)Eschenbach, Rothenburg ob der Tauber, Virnsberg und Nürnberg. In der Reichsstadt bildete die Kommende um die St. Elisabeth-Kirche eine Enklave, in der auch nach der Reformation noch der katholische Gottesdienst gefeiert werden durfte. Auch die anderen Ordensbesitztümer blieben katholische Inseln im weitgehend reformierten Mittelfranken.

Niedergang der Königsmacht

Das hohe Mittelalter sah den steilen Aufstieg einer Lebensform, die das traditionelle Trio der göttlichen Ständeordnung durchbrach: Zum Mönch in seinem Kloster, dem Ritter auf seiner Burg und dem Bauern in seinem Dorf trat nun der Stadtbewohner, der Bürger, der als Handwerker, Händler oder Kaufmann tätig war. Zu den Besonderheiten der deutschen Geschichte gehört dabei die große Rolle der Freien Reichsstädte.

In Nürnberg wurde 1212 der junge Staufer Friedrich II. zum König gewählt; sein Großer Freiheitsbrief für die Stadt sieben Jahre später ließ auf eine weitere städtefreundliche Politik und Förderung Frankens hoffen. Für den in Sizilien aufgewachsenen Staufer hatte allerdings die Konsolidierung seines süditalienischen Reiches Priorität. Er sah sich zunehmend in inneritalienische Auseinandersetzungen verwickelt; zudem geriet er über die Durchführung eines weiteren Kreuzzuges mit dem Papst in einen erbitterten Konflikt.

Friedrich überließ die Bewahrung der Staufermacht im deutschen Teil des Reiches seinem Sohn Heinrich, den er mit nur acht Jahren zum König hatte krönen lassen. Neben dem ihm verliehenen Herzogtum Schwaben verbrachte der junge König die meiste Zeit im fränkischen Reichsland – in Nürnberg, wo er heiratete, hielt er sich 22-mal auf, in Weißenburg viermal und in Ansbach einmal. Heinrich erlebte so das Potenzial der Städte unmittelbar und entschloss sich, diese als Gegengewicht zu den Fürsten aufzubauen. Dies tat er so konsequent, dass es zur offenen Rebellion der Fürsten und deren Protest beim kaiserlichen Vater kam. Friedrich bestätigte daher 1232 das Heinrich abgerungene *Statutum in favorem principum* (Gesetz zum Vorteil der Fürsten). Neben der weitgehenden Souveränität der Landesfürsten sollte das Gesetz die Gründung neuer Reichsstädte verhindern und die Entwicklung der bestehenden einschränken.

In der Folge überwarf sich Heinrich so gründlich mit seinem Vater, dass er von diesem bis zu seinem frühen Tod eingekerkert wurde. Die Städte hatten damit nicht nur ihren Fürsprecher verloren, sie drohten auch in den Krieg zwischen Kaiser und Papst hineingezogen zu werden. Auf dem Konzil von Lyon 1245 war der Kaiser abgesetzt und exkommuniziert worden, und das Reich spaltete sich einmal mehr in Kaisertreue und Papsttreue. Auch Friedrichs Tod 1250 brachte keinen Frieden, da gegen seinen Erben Konrad IV. mit Wilhelm von Holland ein Gegenkönig gewählt wurde. Um seinen Italienzug zu finanzieren, musste Konrad Teile des Reichsguts verpfänden. Ein Nutznießer war Graf Gottfried von Hohenlohe, der für seine Staufertreue die Städte Rothenburg und

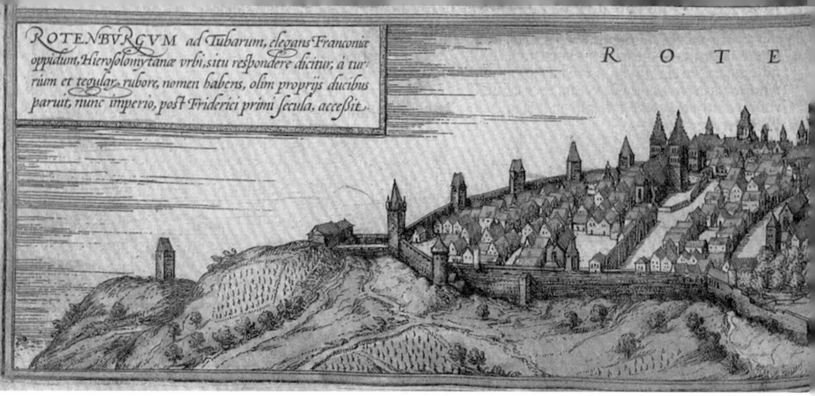

Von einem Stützpunkt des Stauferreichs entwickelte sich Rothenburg zu einer der bedeutendsten und wohlhabendsten Freien Reichsstädte.

Dinkelsbühl sowie die wichtige Zollstätte Aufkirchen bei Ansbach erhielt.

Nach Konrads Tod (1254) gingen die staufischen Ansprüche an dessen kleinen Sohn Konradin über. Dessen Vormund, Herzog Ludwig II. von Bayern (reg. 1253–94), bemühte sich, für diesen staufische Güter zurückzugewinnen – nicht uneigennützig, hatte er sich doch als Erbe Konradins einsetzen lassen. Dessen Hinrichtung 1268 in Neapel, die das Ende des Stauferhauses besiegelte, brachte so dem Wittelsbacher Ansprüche, aber wenig konkrete Gewinne, um im Fränkischen Fuß zu fassen. Die bayerischen Herzöge blieben allerdings ein unbequemer Nachbar Frankens.

Fünf freie Städte in Franken

Die nachfolgende Epoche des Interregnums, der „kaiserlosen, schrecklichen Zeit", besiegelte die Zersplitterung Frankens mit den Freien Reichsstädten als letzte Erinnerung an altes Reichsland. Deren Unabhängigkeit war noch längere Zeit bedroht, doch konnten sich in Mittelfranken fünf von ihnen behaupten.

Nürnberg, für das seit 1254 eine Bürgergemeinde *(universitas civium)* und damit eine Selbstverwaltung belegt ist, bewies seine unabhängige Stellung, als es 1256 dem Rheinischen Städtebund beitrat, einem Zusammenschluss von

Städten und Landesherren zur Wahrung des Friedens in wirren Zeiten. Dies hielt Herzog Ludwig II. von Bayern allerdings nicht davon ab, die Stadt als Teil seines Staufererbes zu beanspruchen. Die Nürnberger hatten da aber gerade ihre massive vorletzte Stadtbefestigung vollendet, so dass der Wittelsbacher keinen kriegerischen Versuch unternahm, seine Macht durchzusetzen. 1273 sicherte der neue König, Rudolf I. von Habsburg, die dauerhafte Reichsunmittelbarkeit Nürnbergs. Ein Jahr später konnte Rudolf in seinem Bemühen, die Macht des Königtums wenigstens punktuell zu stärken, auch Rothenburg und Dinkelsbühl in die Reichsunmittelbarkeit zurückholen.

Unbestritten blieb die Position Windsheims, das 1248 von Friedrich II. das Reichsstadt-Privileg erhalten hatte. Zur Zeit Kaiser Karls IV. musste die Stadt allerdings durch das reiche Nürnberg aus einer Verpfändung an die Hohenzollern ausgelöst werden.

Weißenburg war weniger glimpflich aus den wirren Zeiten hervorgegangen; der Bayernherzog hatte es 1262 erobert und niedergebrannt. Dennoch konnte die Gemeinde 1306 die Erhebung zur Reichsstadt feiern, eine Position, die es trotz zahlreicher finanzieller Krisen bis zum Ende des Heiligen Römischen Reiches behalten konnte.

Fehlende Mittel ließen dagegen die Reichsunmittelbarkeit Feuchtwangens nur eine Episode bleiben. Neben dem Kloster

Rätsel um einen Silberschatz

Ein dramatisches Schlaglicht auf die wirren Zeiten des Interregnums (1245–73) wirft ein ungewöhnlich großer Münzfund in Hersbruck, dessen Hintergründe bis heute ungeklärt sind. Beim Abriss eines Gebäudes am Unteren Markt 1928 kam in einem Zwickel des Kellergewölbes ein Behälter zum Vorschein, der wohl nicht weniger als 15.000 Silberpfennige umfasste. Die genaue Zahl ist unbekannt, da der Schatz nicht wissenschaftlich gesichert, sondern verteilt wurde. Ein kleiner Teil gelangte zur Auswertung an das Germanische Nationalmuseum in Nürnberg; im Laufe der Jahre konnte das Hersbrucker Hirtenmuseum immerhin fast 8000 der Silberlinge zusammentragen.

Die Prägungen stammen aus der Zeit zwischen 1190 und 1265; es ist anzunehmen, dass der Hort zu letzterem Zeitpunkt eingemauert wurde. In diesen Jahren war Hersbruck mit seinem wichtigen Flussübergang über die Pegnitz heftig umkämpft, so dass die Vermutung nahe liegt, der Verberger des Schatzes könnte im Zuge dieser Auseinandersetzungen ums Leben gekommen sein.

Wie er zu diesem Vermögen kam – der heutige Gegenwert dürfte mit 800.000 Euro anzusetzen sein –, bleibt ebenso rätselhaft. Es könnte sich um die Produktion der Hersbrucker Münzstätte gehandelt haben, die lokalen Münzen könnten aber auch in Nürnberg geschlagen worden sein. Die auswärtigen Münzen begründen eine zweite Theorie, dass es sich um die Erträge des Hersbrucker Brückenzolls gehandelt haben könnte. Diese Pfennige stammen von Münzstätten entlang der Donau; aus späteren Quellen wissen wir, dass ein reger Handel mit Lebendvieh zwischen Ungarn und dem Reich bestand. Die wachsenden Städte benötigten mehr Fleisch als das Umland liefern konnte, erst recht, wenn zu Reichstagen der gesamte kaiserliche Hofstaat etwa in Nürnberg einfiel. Brückenzölle waren daher eine wichtige Einnahmequelle und die Brückenorte entsprechend begehrt und umkämpft. Der damalige Sieger im Konflikt um Hersbruck hätte dann aber vergebens auf seine Silbermünzen gehofft.

war unter Barbarossa eine Stadt gegründet worden, die 1241 in der Reichssteuer-Matrikel als Reichsstadt aufgeführt wurde. Ihre Lage an einer wichtigen Kreuzung von Handelswegen machte sie zu einem begehrten Pfandobjekt. Unter Kaiser

Ludwig IV. wurde sie so an die Grafen von Hohenlohe und an die von Oettingen verpfändet; Karl IV. überließ sie für ein Darlehen von 5000 Gulden dem Burggrafen von Nürnberg. Sie wurde nie abgelöst, und so wurde ihre weitere Geschichte die einer Landstadt in der Markgrafschaft. Dasselbe Schicksal traf auch Lenkersheim, das kurzzeitig auf eine Karriere als Reichsstadt gehofft hatte.

Kaiserliche Patrone

So viel Kummer die Reichsstädte mit Ludwig II. gehabt hatten, umso glücklicher wurden sie mit seinem Sohn und Nachfolger Ludwig, der 1314 zum König gewählt wurde. Seine eher bescheidene Hausmacht versuchte Ludwig, als Kaiser der IV., genannt „der Bayer“, durch eine enge Zusammenarbeit mit den Reichsstädten zu kompensieren, und er benötigte auch jeden Verbündeten, da ihn mit dem Habsburger Friedrich dem Schönen ein Gegenkönig herausforderte. Der Wittelsbacher erwies sich allerdings als der überlegene Heerführer, der sich in den Schlachten von Gammelsdorf und Mühldorf durchsetzen konnte – nicht zuletzt mit fränkischer Hilfe: Auf Seiten Ludwigs kämpfte der hohenzollersche Burggraf von Nürnberg, und auch die Reichsstadt hatte ein Aufgebot gestellt. Dies stand unter dem Kommando des Seyfried Schweppermann, dem einer Anekdote zufolge wegen seiner Tapferkeit eine doppelte Ration zugestanden wurde: „Jedem Mann ein Ei; dem braven Schweppermann aber zwei!“ Wertvoller war ihm aber wohl der Rittersitz Grünsberg bei Altdorf.

Es war weniger die militärische Schlagkraft Nürnbergs, die Ludwig nicht weniger als 47 Mal in die Reichsstadt brachte, sondern deren finanzielle Leistungskraft: Die Bürger konnten dem Kaiser gutes Geld für einträgliche Privilegien zahlen. So wurden Nürnberger Kaufleute an 72 Zollstätten von den fälligen Abgaben befreit, was das Handelsnetz der Stadt besonders lukrativ machte. Es reichte bis nach Ungarn mit seinen reichen Vorkommen an Gold, Blei und Silber. In Polen konnten sich Nürnberger Händler neben den Hansestädten behaupten, und in Venedig wurden sie zur Nummer eins der Handelspartner. Sie gewannen so Zugang zu den begehrten Orientwaren – Gewürze, Heilpflanzen, Seide, Baumwolle und andere Luxusgüter – und konnten ihrerseits hochwertige Handwerksprodukte anbieten. Vor allem die Metallproduktion war hochspezialisiert und bereits arbeitsteilig organisiert. Neben Gütern für den Alltagsgebrauch, wie Messer, Scheren, Nadeln, Leuchter und Schüsseln, führte die Waffenproduktion zu vollen Auftragsbüchern: Rüstungen, Schwerter, Degen oder Lanzen. Neben Massenartikeln entstanden auch Repräsentationsstücke für fürstliche Auftraggeber. Im Spätmittelalter war Nürnberg neben Augsburg die Hauptstätte für erlesene Gold- und Silberschmiedekunst.

Das Selbstbewusstsein der Stadt zeigte sich in dem bis 1332 erstellten Rathaus, wo die Stadtregierung mehr und mehr Hoheitsrechte ausüben konnte, die ihnen von wohlgesinnten Kaisern gegen gutes Geld übertragen wurden. Die Stadtregierung selbst blieb freilich – von einer kurzen Episode 1348/49 abgesehen – fest in den Händen des Patriziats, dem Bündnis von zugezogenem Adel und reichen Kaufleuten. Im Gegensatz zu anderen Reichsstädten konnten hier die Zünfte nie Anteil an der Macht gewinnen.

Für Kaiser Ludwig waren die Besuche in Nürnberg und bei seinem Freund Konrad Urlaub vom politischen Alltag. Auch der Wittelsbacher geriet mit dem Papsttum in Streit, selbst wenn die „Bischöfe von Rom“ nun in Avignon residierten. Ludwig hatte so zwar freien Weg nach Rom, wo er sich vom Volk zum Kaiser krönen ließ; die Exkommunikation durch den Papst bot aber der Opposition im Reich die Gelegenheit, einen Gegenkaiser auszurufen. Den Reichsfürsten war die aggressive Hausmachtpolitik Ludwigs aufgestoßen, aber auch dessen Förderung der Städte gegen die Landesherren war einer der Klagepunkte der Rebellen. Als Herausforderer hatten sie den König von Böhmen, Karl von Luxemburg, auserwählt. Der drohende Kronkrieg wurde nur dadurch abgewendet, dass Ludwig im Herbst 1347 einem Schlaganfall erlag. Karl, der nunmehr IV., konnte so unangefochten die Krone des Reiches übernehmen – und setzte umgehend die städte- und nicht zuletzt Nürnbergfreundliche Politik seines Vorgängers fort.

Das Heilig-Geist-Spital in Nürnberg geht auf eine Stiftung des Großkaufmanns und Kaiserfreundes Konrad Groß († 1356) zurück.

Konrad Groß, Bankier des Kaisers

Symbolfigur und treibende Kraft des Nürnberger Aufstiegs war Konrad Groß (ca. 1280–1356). Der Abkomme einer Ministerialenfamilie, die seit 1274 in Nürnberg nachgewiesen ist, wurde Mitglied des Rates und übernahm wichtige Ämter. 1333 war er so vermögend, dass er Kaiser Ludwig ein großzügiges Darlehen gewähren konnte. Im Gegenzug übertrug der Kaiser ihm ein Drittel der Einnahmen aus der Judensteuer. 1339 konnte Groß das an den Burggrafen verpfändete Amt des Reichschultheißen ablösen, gemeinsam mit dem Zoll- und dem Münzrecht in Nürnberg. Er übte dieses Amt bis zu seinem Tod aus und konnte es sogar an seine Söhne vererben. Fürstliche Geldnot erlaubte es ihm, seinerseits einträgliche Pfandschaften zu erwerben, so einen Anteil an der Frankfurter Münze oder die Landämter Herzogenaurach, Schellenberg und Büchenbach. Sein Wohlstand – Groß galt als der reichste Mann seiner Zeit im Reich – beruhte also zunächst auf Landbesitz und Geldgeschäften, nicht auf Handwerk und Handel. Dies überließ der „Pate von Nürnberg" seinen Mitbürgern. Die profitierten auch von seinen großzügigen Stiftungen. Am eindrucksvollsten ist davon bis heute die Anlage des Heilig-Geist-Spitals.

Die Juden als Sündenböcke

Bevor Karl IV. († 1378) seine Herrschaft zum Tragen bringen konnte, durchlief das gesamte Abendland eine schwere Krise: Von Zentralasien aus hatte sich ein neuartiger und besonders aggressiver Erreger der Pest ausgebreitet. 1347 erreichte die Pandemie die östliche Mittelmeerküste, von wo aus sie in Hafenstädte wie Genua und Venedig übersprang. In den folgenden drei Jahren wütete der „Schwarze Tod" in ganz Europa; Schätzungen gehen davon aus, dass zwischen 30 und 60 % der Bevölkerung der Seuche erlagen, die Teile des Kontinents in den folgenden Jahrhunderten immer wieder heimsuchte.

Zu den Gebieten, die bei diesem ersten Ausbruch weitgehend unberührt blieben, gehörte Franken, trotz seiner zentralen Lage und der Handelswege, die es durchschnitten. Der Warenaustausch kam dennoch weitgehend zum Erliegen, und die Wirtschaftskrise führte zu wachsender Unruhe unter der Bevölkerung, die durch Schreckensmeldungen vom Massensterben in höchster Anspannung war. Als Ventil erwies sich der Rückgriff auf „bewährte" Sündenböcke: die Judengemeinden der Städte. Gerüchte, Juden hätten Brunnen vergiftet, führten zu Pogromen und Massenmord. In Nürnberg wurde das Judenviertel am Nordufer der Pegnitz gestürmt, über 500 seiner Bewohner wurden umgebracht; die Überlebenden wurden vertrieben. Gleiches widerfuhr der ebenfalls bedeutenden Gemeinde in Rothenburg.

Jüdische Gemeinden hatten sich in den fränkischen Städten früh gebildet. Hier hatten sich u. a. Flüchtlinge aus dem Rheinland niedergelassen, wo die blühenden Judengemeinden den Pogromen im Gefolge des Ersten und Zweiten Kreuzzugs (1096/99 und 1146/47) zum Opfer gefallen waren. In ihrer neuen Heimat wurden die Juden bald wichtiger, wenn auch misstrauisch beobachteter Teil des Wirtschaftslebens; ihre internationalen Beziehungen brachten wertvolles Kapital in die Städte.

Die jüdischen Mitbürger standen als „Königsknechte" unter dem unmittelbaren Schutz des Kaisers – gegen gutes Geld. Die Einkünfte aus der Judensteuer waren eine wichtige Einnahmequelle der Krone und wurden häufig an die Landesherren ver-

Landjuden in Franken

Auch nach den Pogromen von 1349 kehrten die Juden wieder in die Städte zurück und trugen ihren Teil zu deren wirtschaftlichem Aufstieg bei. Trotzdem wurden sie 1499 aus Nürnberg und 1520 aus Rothenburg endgültig – d. h. bis zum Ende der Selbstständigkeit – vertrieben. Auch andere Städte folgten dieser Abschottungspolitik: Einzelne Juden wurden zwar tagsüber zu Geschäften in die Mauern eingelassen; zu leben hatten sie mit ihren Familien aber außerhalb. Nutznießer wurden die Marktgemeinden und Dörfer im Umland, v. a. die Marktgemeinde Fürth, deren Herrschaft zwischen der Reichsstadt, dem Bistum Bamberg und den Burg- bzw. Markgrafen zu Ansbach geteilt war. In ihren Residenzen duldeten auch der Bischof und der Markgraf die meiste Zeit keine Juden; auf die Einnahmen aus der Judensteuer wollten sie aber ebenso wenig verzichten wie Klöster oder Reichsritter.
Fürth wuchs rasch zu einem der Zentren jüdischen Lebens und jüdischer Gelehrsamkeit; zeitweise lebten dort bis zu 1000 jüdische Familien, während Talmud-Studenten aus ganz Europa zur Ausbildung in die Stadt kamen. Eine so große Gemeinde blieb freilich die Ausnahme. Für die meisten Juden in Mittelfranken blieb das Leben in kleinen Gemeinschaften in Dörfern, Märkten und Landstädten die Regel. Auch dort blieben sie von Landerwerb oder zünftischem Handwerk ausgeschlossen, so dass sie in Handelsgeschäften ihr Auskommen suchen mussten – vom wandernden Hausierer über den Kramladenbesitzer bis zum angesehenen Viehhändler. Ansonsten blieb nur das mühselige Wandergewerbe von fahrenden Musikanten, Kesselflickern oder Scherenschleifern. Die meist bescheidene Synagoge gehörte jedenfalls zu vielen Ortsbildern. Einige haben den Vernichtungsfeldzug der Schoa überlebt, der auch dem Landjudentum ein bitteres Ende bereitete. Eine Aufstellung der Spuren jüdischen Lebens bietet das Internet-Portal www.alemannia-judaice.de; eine Gesamtschau jüdischen Lebens und jüdischer Kultur vermittelt das Jüdische Museum Fürth mit seinen Außenstellen Schnaittach und Schwabach (www.juedisches-museum.org).

pfändet. Als 1293 der Thronstreit zwischen Adolf von Nassau und Albrecht von Österreich die Macht der Krone schwächte, war es schon einmal zu einer Gewaltwelle gekommen. Bei dem nach seinem Anführer „Rintfleisch-Pogrom“ genannten Aufruhr wurden die meisten fränkischen Judengemeinden, aber auch jene in der Oberpfalz und im Schwäbischen, angegriffen und vernichtet. In Nürnberg wurden 628 Todesopfer gezählt, in Rothenburg über 500; die Gemeinden in Weißenburg und Heideck wurden ausgelöscht.

Es spricht für den Überlebenswillen der Juden, wenn sie nur ein halbes Jahrhundert später wieder so bedeutende Gemeinden gebildet hatten, dass es sich für den Mob lohnte, sie anzugreifen. Der Rat der Städte tat ebenso wenig zu ihrem Schutz wie Karl IV.: Der ließ sich für den Mord an seinen „Knechten“ von den Bürgerschaften entschädigen, gestattete den Nürnbergern aber großzügigerweise, das Judenviertel abzureißen, um an dessen Stelle den Hauptmarkt anzulegen und die Frauenkirche zu errichten.

Ein neues Böhmen

An der Frauenkirche installierten die Nürnberger 1509 ein mechanisches Wunderwerk ihrer Zeit, das „Männleinlaufen“: Zur Mittagsstunde ziehen, angekündigt mit Posaunenstößen, Trommelwirbel und Heroldsruf, die sieben Kurfürsten dreimal an der thronenden Figur Karls IV. vorbei und erweisen ihm ihre Reverenz, die der Kaiser mit huldvollem Schwenken seines Zepters entgegennimmt. Die Nürnberger haben damit ihre Dankbarkeit für ihn zum Ausdruck gebracht und sein politisches Werk gewürdigt.

Karls Ziel bestand zunächst darin, sein Königreich Böhmen zu einem Zentrum von wirtschaftlicher Blüte und Kultur zu machen. Eine reiche Bau- und Stiftungstätigkeit machten Prag zur „Goldenen Stadt“. Die Kapitale wuchs, nicht zuletzt durch den Zuzug von Künstlern, Handwerkern und Kaufleuten, zur größten Stadt des Reiches; sie beherbergte ab 1348 die erste Universität im Reichsgebiet nördlich der Alpen.

Eine enge Anbindung Böhmens an das Reich war für Karl – ab 1355 Kaiser – wichtig, v. a. Richtung Rheinland, wo das Haus Luxemburg weitere Besitzungen hatte und wo die könig-

Das „Männleinlaufen" an der Nürnberger Frauenkirche stellt die Huldigung der sieben Kurfürsten vor Kaiser Karl IV. († 1378) dar, dem großen Förderer der Reichsstadt.

lichen Schlüsselstädte Frankfurt (Wahlort) und Aachen (Ort der Krönung) lagen. Erste Etappe war die Verbindung zwischen Prag und Nürnberg. Durch Kauf und Pfanderwerb brachte Karl IV. ein Band zersplitterter Herrschaften zwischen der böhmischen Grenze und dem Nürnberger Reichsland an sich, darunter das wertvolle „Ruhrgebiet des Mittalters" um Amberg und Sulzbach, wo die örtlichen Erzvorkommen verarbeitet wurden. In den 1360er Jahren wurden die Territorien als „Neuböhmen" zusammengefasst und von Sulzbach aus verwaltet. Auf mittelfränkischem Gebiet gewannen Hersbruck und Lauf durch ihre Zugehörigkeit zu Neuböhmen an Bedeutung. Lauf erhielt von Karl die Stadtrechte, und der Kaiser ließ an der Stelle einer früheren Ministerialenburg die repräsentative Festungsanlage des Wenzelschlosses errichten – Wenzel war Karls Taufname.

Bei der Beschaffung der Mittel für diese Expansion halfen die reichen Nürnberger; Karl revanchierte sich mit weiteren Zoll- und Handelsprivilegien. Bei Konflikten zwischen der Reichsstadt und ihrem Burggrafen hielt er sich allerdings zurück, spielte gelegentlich auch beide Seiten gegeneinander aus. 52 Mal weilte der Luxemburger in der Noris; er hielt dort mehrfach Hoftage ab, die Fürsten und Gesandtschaften aus dem

Goldene Straße und Goldene Bulle

Nachdem Karl sich die Landbrücke zwischen Prag und Nürnberg politisch gesichert hatte, tat er alles, um ihre Nutzung durch Fernhändler sicherzustellen. Dazu gehörte zum einen die relative Sicherheit durch Festungen und Raststationen. Es fielen lästige und teure Grenzzölle und Aufenthalte weg, weshalb sich für die Verbindung der Begriff „Goldene Straße" durchsetzte, der ab Anfang des 16. Jhs. schriftlich überliefert ist.
Mit Gold wurde auch das Grundgesetz des Heiligen Römischen Reiches verbunden, das Karl 1356 in Nürnberg verkündete – wegen des goldenen Kaisersiegels als „Goldene Bulle" bezeichnet. Wichtigster Punkt war die Festschreibung der sieben Kürfürsten als alleinige Wähler des deutschen Königs: die Erzbischöfe von Mainz, Köln und Aachen, der König von Böhmen und die Kurfürsten von Sachsen, Brandenburg und der Pfalz. Sie wurden mit weitreichenden Privilegien ausgestattet; weitere Bestimmungen betrafen Form und Protokoll von Hof- und Reichstagen.

ganzen Reich und darüber hinaus in die Stadt brachten. Karls Regelung in der „Goldenen Bulle", dass jeder neu gewählte König seinen ersten Reichstag in Nürnberg abzuhalten habe, sicherte die herausragende Stellung der Stadt.

1361 wurde in Nürnberg Karls Sohn und Thronerbe Wenzel geboren und getauft. Dies geschah im kalten Februar, und so wurden zum Komfort der Taufgesellschaft in der Kapelle Feuer angezündet. Ein ungeschickter Geistlicher stieß einen der Feuerkörbe um und die Kapelle brannte aus – kein gutes Omen für die Herrschaft des kleinen Wenzel! Tatsächlich zerbrach unter ihm die Vorherrschaft der Luxemburger, und auch Neuböhmen ging verloren. Einige Teile konnte sich Nürnberg zur Ausweitung seines Territoriums sichern; Hauptnutznießer wurden die pfälzischen Wittelsbacher. Zu ihren Gewinnen gehörte das Gebiet um Schnaittach mit der Festung Rothenberg, das bis zum Ende des alten Reichs als „pfälzischer Stachel im Nürnberger Fleisch" wirkte. Als weiteres mittelfränkisches Gebiet hatten sie 1356 Stadt und Burg Hilpoltstein erwerben können.

Das Wenzelsschloss in Lauf war ein wichtiger Stützpunkt an der „Goldenen Straße", die Prag mit Nürnberg verband.

Aufstieg und Fall des Heinrich Toppler

Als Sprössling des Rothenburger Patriziats wurde Heinrich Toppler 1373 mit Anfang 30 erstmals für zwei Jahre zum Bürgermeister gewählt. Er ging mit Schwung an die Umsetzung seiner Strategie, die Rothenburg zu einem Machtfaktor im Reich machen sollte. Durch persönliche Kontakte erreichte er es, dass König Wenzel seinen ersten Reichstag 1377 in der Stadt an der Tauber einberief – eine Kampfansage an Nürnberg.

Durch Kauf und Eroberung konnte die Reichsstadt unter Toppler, der mehrfach wiedergewählt wurde und viel eigenes Vermögen investierte, in der Folge ein beachtliches Territorium erwerben. Noch wichtiger für die Handelsbilanz wurde die Rückkehr der Juden, die Toppler 1374 durchsetzte.

Einen nicht unerheblichen Teil dieser neuen Steuererträge – und erneut eigene Mittel – investierte Toppler in den Ausbau der Stadtbefestigungen. Eine weitsichtige Investition, denn mit ihren Muskelspielen geriet die Reichsstadt gefährlichen Gegenspielern in die Quere, allen voran dem Bischof von Würzburg und dem Burggrafen von Nürnberg. Letztere waren sich keineswegs grün, und mit Geschick und der Rückendeckung durch König Wenzel konnte Toppler die Gegner immer wieder ausspielen – ein Talent, das der Bürgermeister in seinem Wappen feiern ließ: Es zeigt zwei Würfel („toppeln" = würfeln).

Dass er zu riskantem Spiel bereit war, zeigte der Rothenburger Bürgermeister Heinrich Toppler (†1408) in seinem Wappen. Zuletzt verlor er Macht und Leben.

Dann aber misslang ihm der „große Wurf", als sein wichtigster „Würfel" ausfiel: Im August 1400 setzten die deutschen Fürsten Wenzel ab und wählten stattdessen Ruprecht von der Pfalz zum König. Gleichzeitig eskalierte der langjährige Streit zwischen Rothenburg und dem Burggrafen. Ab 1405 drohte Rothenburg ein Bündnis von Bischof, Burggraf und süddeutscher Ritterschaft. In dieser Bedrängnis nahm Toppler Kontakt zu Ex-König Wenzel auf. Das war ein Schachzug zu viel: Über Rothenburg wurde die Reichsacht verhängt, und 1407 umzingelte ein großes Heer die Stadt. Während die Dörfer des Umlands in Flammen aufgingen, bewährte sich Topplers Verteidigungskonzept: Nach etlichen Monaten gingen den Belagerern die Gelder aus, und in einem Schiedsspruch konnte sich Rothenburg sein Territorium bewahren.
Bis heute wird darüber spekuliert, ob Topplers Kopf der Preis für das milde Urteil war: Zwei Monate nach dem Schiedsspruch wurde der Bürgermeister verhaftet. Eine Anklageschrift wegen Steuerhinterziehung und Machtmissbrauch wurde aufgesetzt, aber nie verhandelt, da Toppler zwei Monate später im Kerker starb – angeblich hat man ihn jämmerlich verhungern und verdursten lassen.

Krieg um Franken, Kunst in Franken – Das 15. Jahrhundert

In der Gunst der Kaiser: Aufstieg der Hohenzollern

Das politische Erfolgsrezept der Reichsstädte, die Nähe des Königtums zu suchen, bewährte sich auch für die Hohenzollern in der Burggrafschaft Nürnberg. Friedrich III. überbrachte Rudolf von Habsburg 1273 die Nachricht von dessen Wahl zum König. Dann kämpfte er an seiner Seite gegen Ottokar II. von Böhmen, dessen begehrliche Blicke nicht nur auf Österreich und die Krone, sondern auch auf die Burggrafschaft gerichtet waren. Mit Ottokars Schlachtentod 1278 hatten Rudolf und Friedrich ein gemeinsames Problem weniger, und der dankbare Habsburger machte die Burggrafenwürde für das Haus Hohenzollern erblich. Auch Friedrichs Nachfolger verstanden es, auf der richtigen Seite zu stehen: Friedrich IV. (reg. 1300–32) war am Sieg Ludwigs des Bayern über den Gegenkönig Friedrich den Schönen bei Mühldorf beteiligt und begleitete den Wittelsbacher auf dessen Zug nach Rom. Der Lohn waren weitere Gebietsgewinne im Rangau, darunter Ansbach – ein neues Fürstentum nahm Gestalt an.

Dessen Zusammenhalt war allerdings gefährdet: Noch folgten die Hohenzollern dem Gutsherrenprinzip, möglichst alle männlichen Erben mit eigenem Landbesitz zu versorgen. Die geografische Zweiteilung des Herrschaftsbereichs zwischen Mittelfranken mit der Cadolzburg als Hauptsitz und Oberfranken, wo seit 1340 die Plassenburg ob Kulmbach als Familienresidenz diente, kam solchen Plänen entgegen. Teilung bedeutete aber immer auch Schwächung, der die Erben mit Abmachungen über gemeinsame Herrschaft entgegenzutreten suchten.

Friedrich V. (reg. 1357–97) gebot wieder über die gesamte Burggrafschaft und pflegte die Nähe zu den Luxemburgern, was ihm 1363 den Rang eines Reichsfürsten und den Titel eines Markgrafen einbrachte. Das war auch gut so, da die Bedeutung

Die Cadolzburg wurde von den Hohenzollern als Burggrafen von Nürnberg zur Residenz ausgebaut, um der engen Nachbarschaft der Reichsstadt zu entgehen.

des Burggrafentitels von den Nürnbergern systematisch ausgehöhlt wurde. Sie erkauften sich vom Kaiser das Amt des Reichsschultheißen mit Zoll und Münze, das nach Konrad Groß' Zeiten wieder an den Burggrafen zurückgefallen war. Dieser ließ sich in seiner Festung neben der Kaiserburg von einem Amtmann vertreten, dessen Kompetenzen von der Stadt immer weiter eingeschränkt wurden. Nachdem es für den Amtmann nichts mehr zu richten und zu regeln gab, überließen die Hohenzollern ihren Sitz praktisch der Stadt. Die rührte keinen Finger, als die Burg während eines Bruderkriegs der Wittelsbacher niedergebrannt wurde.

1427 verkaufte Kurfürst Friedrich I. die Ruine nebst den meisten Rechten und Pfandschaften und den hohenzollerschen Besitzungen vor den Stadtmauern für 120.000 Goldgulden. Dieser Friedrich (reg. 1397–1420 als Burggraf VI.) war inzwischen auf der fürstlichen Karriereleiter noch eine Stufe höher geklettert: Er war an der Absetzung Wenzels beteiligt und begleitete den neuen König Rupprecht von der Pfalz auf dessen glücklosen Italienzug. Nach Ruprechts frühem Tod 1410 schlug sich der verarmte Hohenzoller auf die richtige Seite, diejenige von Wenzels Bruder Sigismund, der sich 1411 als König durchsetzen konnte. Zum Dank wurde Friedrich zum „Rechten Obristen, gemeinen Verweser und Landeshauptmann“ der Mark Brandenburg ernannt – ein Danaergeschenk, da in Brandenburg nahezu Anarchie herrschte. Mit Diplomatie, aber auch mit militärischer Gewalt gelang es ihm, so etwas wie Ordnung herzustellen. Sigismund blieb so gar nichts anderes übrig, als dem Hohenzoller 1415 die Kurfürstenwürde zu verleihen. Als Friedrich I. (reg. 1415–40) war er damit in die erste Reihe der Reichsfürsten aufgestiegen, mochte Brandenburg auch das ärmste der Kurfürstentümer und noch lange von Krisen geschüttelt sein. Die fränkischen Lande mussten dagegen als Paradies erscheinen, zumal das Abkommen von 1427 auch das Verhältnis zu Nürnberg entspannte.

Die Probleme in Brandenburg führten schließlich dazu, dass Friedrich die dortige Herrschaft seinem gleichnamigen ältesten Sohn übergab. Dieser ging als „Friedrich der Eiserne“ in die Geschichte ein, da er mit Härte die Macht des Kurfürsten in Brandenburg durchsetzte. Der alte Friedrich verbrachte seine letzten Lebensjahre auf der Cadolzburg, wo er 1440 starb.

Achilles sucht den Krieg

Die fränkischen Besitzungen hatte Friedrich I. zwischen den jüngeren Söhnen Johann und Albrecht geteilt, wobei Letzterem der „untere Teil“ im heutigen Mittelfranken zugefallen war. Diese Markgrafschaft Ansbach war für Albrechts Ehrgeiz aber viel zu klein. Wenn sein ältester Bruder Kurfürst war, wollte er wenigstens Herzog von Franken werden! Diesen Titel beanspruchte aber der Bischof von Würzburg für sich, der für Albrecht, den man wegen seiner stattlichen Erscheinung und kriegerischen Gesinnung „Achilles“ nannte, zum Feind Nummer eins wurde. Gleich dahinter folgte die Reichsstadt Nürnberg, die sich mit dem Reichsgut Lichtenau ein Territorium mitten im Markgrafenland gesichert hatte und dort eine Burg errichtete. Albrecht führte auch weiterhin den Rang des Burggrafen in seiner Titelsammlung und leitete daraus Ansprüche gegenüber der Stadt ab.

Die gegenseitigen Provokationen eskalierten, und als Albrecht glaubte, genügend Verbündete gefunden zu haben, erklärte er der Stadt die offene Fehde. Dieser Erste Markgräflerkrieg 1449/50 bereitete Mittelfranken eine elende Zeit. Albrecht versuchte gar nicht, Nürnberg selbst anzugreifen, das gerade seine neue Stadtbefestigung vollendet hatte. Seine Truppen verwüsteten lieber das Nürnbergische Territorium. Dörfer gingen in Flammen auf, Vieh und Getreide wurden geraubt, Gefangene verschleppt. Die Nürnberger zahlten mit gleicher Münze auf Ansbacher Gebiet heim; trafen die Marodeure aufeinander, kam es zu Scharmützeln. Kaiser Friedrich III. (reg. 1440–93), der sich mit der Rolle des Zuschauers zufrieden gab, sollte Recht behalten: „Den Frieden, den sie jetzt verschmähen, da ihre Felder in Blüte stehen, werden sie suchen, wenn ihre Äcker verwüstet sind." Noch 1450 wurde ein Waffenstillstand geschlossen, und nach zähen Verhandlungen kam 1453 ein Friedensschluss zustande. Gewinner war die Reichsstadt, der Albrecht alle eroberten Plätze zurückgeben musste. Die Spannungen schwelten freilich weiter.

Albrecht konnte noch erleben, dass nach den entsprechenden Todesfällen der gesamte Hohenzollern-Besitz wieder in seiner Hand vereinigt wurde. Als Kurfürst Albrecht III. (reg. 1471–86) erließ er die *Dispositio Achilleia*, ein Hausgesetz, das den Zusammenhalt der Zollernlande sichern sollte. Es gab drei Lande – Brandenburg sowie die fränkischen Markgrafschaften „über dem Gebürg" (Bayreuth-Kulmbach mit dem Gebiet um Neustadt a. d. Aisch, zeitweise Nebenresidenz) und „unter dem Gebürg" (Ansbach) – und daher auch maximal drei regierende Familienzweige. Sollte es nur zwei geben – wie etwa beim Tod Albrechts 1486 –, würden die zwei fränkischen Fürstentümer zusammengelegt. Würde auch diese Linie aussterben, wären alle Zollernlande vereint.

Der Staat der Reichsstadt

Die alten Grenzen waren also wiederhergestellt. Tatsächlich gab es in unserem Raum nur noch eine größere Machtverschiebung bis zum Ende des alten Reichs. Ausgerechnet die Nürnberger „Pfeffersäcke" gingen nochmals auf Eroberung aus.

Die „Landshuter Hochzeit“ zwischen dem Wittelsbacher Herzog Georg dem Reichen und Hedwig von Polen 1475 war ein prachtvolles Schauspiel gewesen, hatte aber ihren dynastischen Zweck verfehlt: Die Ehe blieb ohne männliche Erben. Georg hatte daher seinen Schwiegersohn Kurfürst Ruprecht als Erbe vorgesehen; der in München regierende Vetter Albrecht sicherte sich aber die Unterstützung Kaiser Maximilians. Das Ergebnis war ein verbissen geführter Erbfolgekrieg, bei dem sich Nürnberg auf die Seite von Kaiser und Bayernherzog stellte und pfälzische Territorien besetzte, die der Stadt beim Friedensschluss 1505 zugesprochen wurden. Diese sog. Neue Landschaft wurde in Pflegämter aufgeteilt: Altdorf, Lauf, Hersbruck, Reicheneck, Hohenstein, Velden, Wildenfels, Hiltpoltstein, Betzenstein und Gräfenberg. Das Gebiet wurde von Nürnberger Patriziat kontrolliert und im Interesse der Stadt verwaltet. Mit rund 1200 qkm Fläche und rund 35.000 Einwohnern beherrschte Nürnberg das größte Territorium aller deutschen Reichsstädte. Mit einem Staatsgebiet von 400 qkm gehörte auch Rothenburg zu den großen Landbesitzern.

Frommes Franken: Von Pilgern und Stiftern

Ein nicht unerheblicher Teil der mittelalterlichen Mobilität ging auf das Konto von Pilgernden. Wallfahrten zu heiligen Orten, die Verehrung berühmter Reliquien bildeten einen wesentlichen Aspekt mittelalterlicher Religiosität. Oft ging es dabei um die Erfüllung eines Gelübdes oder das Ableisten einer Buße. Auch bot eine Pilgerschaft die willkommene Gelegenheit, dem Alltag zu entkommen, die Sehnsucht nach Neuem zu befriedigen. Dazu gab es die „großen Pilgerfahrten“ zu den Schlüsselorten des Christentums, an erster Stelle Jerusalem.

Diese ferne Reise voller politischer Unsicherheiten konnten sich freilich nur wenige leisten, etwa der Nürnberger Patrizier Hans VI. Tucher, der 1479/80 ins Heilige Land pilgerte. Rom, Ort der Apostelgräber und Sitz des Papstes, war leichter zu erreichen. Die Pilgerstraßen wie die Via Francigena waren gut organisiert und mit Hospizen versehen. Dies galt auch für die

Reichskreis Franken

Nachdem sich das schwerfällige Gebilde des Heiligen Römischen Reiches deutscher Nation immer weniger imstande sah, auf Entwicklungen der Zeit zu reagieren und den Landfrieden sicherzustellen, mehrten sich die Forderungen nach einer Reichsreform, die 1495 von einem Reichstag zu Worms in die Wege geleitet werden sollte. Eine der wenigen bleibenden Folgen dieses letztlich gescheiterten Versuchs, dem Reich mehr Schlagkraft zu verleihen, war die Einrichtung der Reichskreise. Hier sollten die Vertreter der regionalen Stände – geistliche und weltliche Fürsten, Ritterschaft und freie Städte – zusammenarbeiten, um gegen Landfriedensbrecher vorzugehen und Truppen für Reichskriege auszuheben, aber auch um interne Streitigkeiten zu regeln.

Der Fränkische war einer von ursprünglich sechs, später zehn Reichskreisen. Die mittelfränkischen Territorien waren durch die Hochstifte Eichstätt, Bamberg und Würzburg, die Ballei Ellingen des Deutschen Ordens, die beiden Markgrafentümer, die Grafschaften Hohenlohe und Schwarzenberg sowie die Reichsstädte Nürnberg, Rothenburg, Weißenburg und Windsheim vertreten. (Dinkelsbühl gehörte zum Schwäbischen Kreis). Die reichsfreien Ritter als kleine Landesherren waren im Fränkischen Ritterkreis organisiert.

Die Einrichtung des Fränkischen Reichskreises am 2. Juli 1500 wurde zum Anlass genommen, dieses Datum als Orientierungspunkt für den seit 2000 jährlich stattfindenden „Tag der Franken" anzusetzen.

Wallfahrtsstraßen zum Grab des Apostels Jakobus im galizischen Santiago de Compostela. Die „Jakobswege" breiteten sich wie ein Spinnennetz über Europa aus. Ein wichtiger Strang war der Weg zwischen Nürnberg und Rothenburg, der die Jakobskirchen der zwei Reichsstädte verband und dann weiter Richtung Rhein führte. Dort bog ein Teil der Pilger Richtung Köln ab, das seine Stadtheiligen, die Heiligen Drei Könige, höchst erfolgreich als Wallfahrtsziel vermarktete. In bescheidenerem Rahmen war dies Nürnberg mit seinem Stadtheiligen Sebaldus gelungen. Über regionale Bedeutung gelangte dessen Verehrung aber nicht hinaus.

Die Spiritualität der Epoche verlangte auch nach Wallfahrtszielen, die keine monate- oder jahrelange Abwesenheit erforderten. Populär wurde in Mittelfranken das Grab der hl. Stilla in Abenberg. Die um 1140 verstorbene Angehörige des dortigen Adelsgeschlechts hatte eine Nonnengemeinschaft gegründet, die sich der Betreuung Kranker widmete. In ihrer Tradition entstand 1482 mit dem Kloster Marienburg ein Augustiner-Chorfrauenstift. Aus derselben Zeit ist eine lebhafte Wallfahrtsbewegung zum Stilla-Grab in der St. Peterskirche zu Abenberg dokumentiert.

Spätmittelalterliche Wurzeln haben auch die Wallfahrtskapellen von Raitenbuch bei Weißenburg, Sankt Salvator im Steinbachtal bei Herrieden und Heiligenblut bei Spalt – letztere mit einem eher düsteren Motiv, der Aufdeckung eines angeblichen Hostienfrevels eines Juden.

Klöster für das Seelenheil

Besondere Verdienste für das eigene Seelenheil konnten wohlhabende Gläubige auch durch die Stiftung eines Klosters gewinnen. Die spirituelle Geschichte Mittelfrankens kennt daher viele Stifter, beginnend mit fränkischen Adeligen wie Gumbert in Ansbach oder Cadolt in Herrieden. Eine weitere Gründungswelle erfolgte im Zuge der klösterlichen Reformbewegungen vom 11. bis ins 13. Jh. Als Stifter wirkten weiterhin die Landesherren, vom bescheidenen Ritter bis hin zu Fürsten. Das Zisterzienserinnenkloster Birkenfeld bei Neustadt a. d. Aisch war z. B. eine Stiftung des Burggrafen Friedrich III. von Hohenzollern und seiner Gattin Helena von Sachsen. Ein Vorfahr, Burggraf Konrad von Hohenzollern, hatte 1294 das Kanonikerstift St. Nikolaus in Spalt finanziert. Die Söhne des Burggrafen Friedrich V. erfüllten den Wunsch des Vaters, in Langenzenn ein Stift der Augustiner-Chorherren zu errichten. Beispiele für adelige Stiftungen in Mittelfranken bieten das Kanonikerstift in Hilpoltstein, eine Gründung der Grafen von Stein, das Dominikanerinnenkloster Frauenaurach, gestiftet von Herdegen von Gründlach, oder das Kloster der Augustiner-Eremiten in

Die Heiligtümer des Reichs

Ab 1423 konnte Nürnberg frommen Pilgern weitaus Verehrungswürdigeres bieten: In einer Urkunde vom 29. September hatte ihm Kaiser Sigismund die Reichskleinodien „ewiglich und unwiderruflich" anvertraut. Damals herrschten die Hussitenkriege; der Kaiser wollte den Reichschatz hinter festen Mauern wissen. Dieser „Staatsschatz" umfasste zunächst die königlichen Insignien – Reichskrone, Reichsapfel, Reichs- oder Mauritiusschwert, Zeremonialschwert und Krönungsmantel. Diese Objekte waren dem jeweiligen Herrscher anvertraut. Reichsevangeliar, Stephansburse und der Säbel Karls d. Gr., die nur bei der Krönung zur Verwendung kamen, verblieben in Aachen.
Mit Sigismunds Dekret bekamen nun auch die anderen Kleinodien einen festen Ort. Dazu zählten Reliquien, die für gläubige Christen von hoher Bedeutung waren, etwa die heilige Lanze, mit der ein römischer Soldat in Jesu Seite gestochen haben soll. Im Reichskreuz waren Partikel von Jesu Kreuz eingefügt. Weitere Reliquien waren ein Span von der Krippe Jesu, ein Zahn Johannes' des Täufers, ein Gewandstück des Evangelisten Johannes, Kettenglieder der Gefangenschaft der Apostel Petrus und Paulus, der Schurz Jesu bei der Fußwaschung und das Tischtuch vom letzten Abendmahl.
Solche Kostbarkeiten durften den Gläubigen nicht vorenthalten werden, und so organsierte die Stadt Nürnberg alljährlich die „Heiltumsweisung", jeweils zwei Wochen nach Karfreitag. Da wurden auf einer Empore die sonst im Heilig-Geist-Spital verwahrten Kleinodien auf einer Empore den vielen, oft weitgereisten Pilgern zur Verehrung präsentiert. Sie blieben in Nürnberg, bis 1796 französische Truppen auf die Stadt vorrückten. Da veranlasste Kaiser Franz II. ihre Überführung nach Wien. Die Habsburger verweigerten nach der Auflösung des alten Reichs 1806 die Rückgabe, und so blieben die Originale in Wien – mit Ausnahme der Jahre 1938–45, als sie auf ausdrücklichen Wunsch Hitlers nach Nürnberg zurückgebracht wurden, wo sie auf dem Reichsparteitagsgelände eine Dauerausstellung finden sollten.

Pappenheim, errichtet vom Reichsmarschall Heinrich von Pappenheim 1372. Das Kloster Engelthal wurde 1244 von Ulrich von Königstein für die Magdalenerinnen eingerichtet, die aus

Die „Heiltumsweisung", die Präsentation der Reichskleinodien mit ihren Reliquien, brachte seit 1424 alljährlich Pilgerströme nach Nürnberg.

Nürnberg geflohen waren, als der päpstliche Bann Kaiser Friedrichs II. auch die Reichsstadt getroffen hatte.

Mit dem Aufstieg der Städte traten auch reiche Bürger als Stifter auf. Konrad Groß, der „Pate von Nürnberg" im 14. Jh., finanzierte neben dem Heilig-Geist-Spital die Klöster von Pillenreuth und Himmelthron. Bürgerliche Spendefreude kam v. a. den städtisch orientierten Bettelorden zugute. Das Nürnberger Terziarinnenspital war eine Stiftung der Patrizierfamilie Waldstromer; das Klarissenkloster von St. Klara wurde von den Gebrüdern Friedrich und Eberhard Ebner finanziert. Das Franziskanerkloster in Rothenburg o. d. T. entsprang einer Zusammenarbeit von dortigen Bürgern und Adelsfamilien aus dem Umland.

Ein goldenes Zeitalter

Innovationsstreben und Geschick seiner Handwerker und der Unternehmungsgeist seiner Kaufleute hatten Nürnberg gegen Ende des 15. Jhs. zu einer der größten und wohlhabendsten Städte des Reichs gemacht. Davon wie vom internationalen Netzwerk der Reichsstadt profitierten Kunst, Literatur und Wissenschaft. Der Patriziersohn Martin Behaim (1459–1507) konnte so an Entdeckungsfahrten der portugiesischen Geschäftspartner teilnehmen und 1492 den ersten Globus der Welt konzipieren. Ein Jahr später veröffentlichte der Arzt und Humanist Hartmann Schedel (1440–1514) seine Weltchronik. Überhaupt wurde Nürnberg für die neue Weltsicht der Humanisten ein Brennpunk, nicht zuletzt als wichtiger Standort der Drucktechnik, mit der Offizin des Anton Koberger (ca. 1440–1513) als führendem Verlagshaus. Willibald Pirckheimer (1470–1530), Ratsherr und Gelehrter, war Korrespondent der führenden Humanisten, darunter sein Landsmann Konrad Celtis (1459–1508).

In den bildenden Künsten, noch fast ausschließlich religiös ausgerichtet, erlebte Nürnberg den Übergang vom Spätmittelalter zur Renaissance – in der Malerei und Grafik durch Albrecht Dürer (1471–1528), bei den Skulpturen durch Veit Stoß (ca. 1450–1533) und Adam Kraft (1440/50–1508/09), im Bronzeguss durch Vater und Sohn Peter Vischer (1455/60–1529 bzw. 1487–1528) und Pankraz Labenwolf (1492–1563). „Nürnberg leuchtet wahrlich im ganzen deutschen Land wie eine Sonne unter Mond und Sternen“, so Martin Luther.

Albrecht Dürer – ein Migrantensohn macht Karriere

Wie sehr ein attraktiver Standort von einer offenen Zuwanderungspolitik profitieren kann, dafür ist Nürnbergs „Goldenes Zeitalter" ein gutes Beispiel. Der Ruf als Metropole von Kunst und Handwerk zog etablierte Meister, aber ebenso ehrgeizige und erfindungsreiche Gesellen magisch an. So kam auch der Goldschmied Albrecht aus Ungarn, der sich nach seinem Heimatort Ajtós (= Tür, Pforte) „Türer" nannte, was dann von seinem 1471 in Nürnberg geborenen Sohn zu „Dürer" frankisiert wurde.
Schon als Lehrling in der Malerwerkstadt von Michael Wohlgemut testete er die Grenzen der traditionellen Malerei aus. Seine Gesellenwanderung den Rhein entlang von Basel in die Niederlande und seine erste Reise nach Italien brachten ihn mit den wichtigsten Malströmungen zwischen Mittelalter und Renaissance in Kontakt, die er zu einem künstlerischen Höhepunkt zusammenführte. Bei seiner zweiten Italien-Reise (1505–07) mit langem Aufenthalt in Venedig war der ehemalige Lehrling aus Deutschland bereits ein gefeierter Star der Kunstszene. Reiche Bürger, hohe Geistlichkeit und Herrscher, allen voran Kaiser Maximilian I. persönlich, zählten zu seinen Auftraggebern. Das brachte zwar Ansehen, aber häufig nur bescheidenen Lohn. Doch Dürer erwies sich, zusammen mit seiner Frau Agnes, auch auch als Pionier des Marketings. Sein Monogramm AD kann als erstes Marken-Logo der Geschichte angesehen werden. Vor allem die in hoher Auflage auf Messen vertriebenen Holzschnitt-Serien und Radierungen machten Dürer wohlhabend, und er wurde sogar Mitglied des Nürnberger Rates. Gefeiert und von Fürsten hofiert, starb er 1528 in Nürnberg an den Folgen einer Malariaerkrankung, die er sich bei seiner letzten Reise in die Niederlande zugezogen hatte.

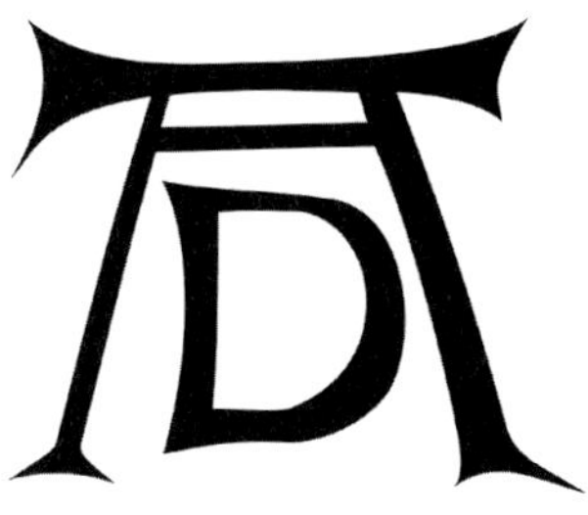

Die Signatur Albrecht Dürers stellt eines der frühesten Marken-Logos der Geschichte dar.

Mit ihren Mitteln hatten auch andere Städte Mittelfrankens Anteil an dieser Kulturblüte. Für ihre 1485 geweihte Stadtpfarrkirche St. Jakob gaben die Stadtväter Rothenburgs den Heiligblutaltar bei Tilman Riemenschneider (ca. 1460–1531) in Auftrag – eines der Hauptwerke des fränkischen Bildschnitzers. Die Schwabacher können bis heute in ihrer Pfarrkirche einen prachtvollen Flügelalter des Dürer-Lehrmeisters Michael Wohlgemut (1434–1519) bewundern, dessen Blattgold aus den Werkstätten der Stadt stammt.

Die Aufbruchsstimmung der Epoche erfasste zunehmend auch den religiösen Bereich, wurde zur Herausforderung der bestehenden Kirche und ihrer Glaubensverkündung. Auch Mittelfranken standen bewegte Zeiten bevor.

Dramatische Zeiten – Reformation und Dreißigjähriger Krieg

Gespaltener Glaube

Die Forderungen nach einer Reform der Kirche und einer neuen Interpretation des Glaubens auf der Grundlage einer allen Christen zugänglichen Bibelübersetzung fanden auch in Mittelfranken zunehmend Gehör. So schlug Luthers Lehre in diesem Teil des Reiches frühe Wurzeln. Der Wittenberger hatte 1517 in seinen Thesen wesentliche Punkte der Kritik an einer verweltlichten Kirche zusammengefasst: Während die Oberen in Saus und Braus lebten, werde die Masse der Gläubigen in gezielter Unwissenheit über die Kernpunkte der Botschaft Jesu gehalten.

Keine biblische Grundlage gab es hingegen für das auswuchernde Ablasswesen, demzufolge Sünder sich und verstorbene Angehörige von Strafen im Jenseits freikaufen könnten. Luther setzte dem die nicht käufliche Gnade Gottes entgegen. Gleichzeitig verneinte er den sakramentalen Charakter des Priestertums und stellte neben der kirchlichen Hierarchie auch das Konzept des Mönchtums in Frage.

Solche Fragen wurden v. a. in den Reichsstädten mit ihrer gebildeten Oberschicht diskutiert, aber auch Fürsten und Landesherren verfolgten aufmerksam die an Schärfe zunehmende Diskussion. Luthers Bibelinterpretation mochte ihnen einleuchten, und zudem stellten reiche Kirchengüter einen nicht zu unterschätzenden Anreiz dar, sie in weltlichen Besitz zu überführen (Säkularisation). Ein reformierter Landesherr konnte zudem selbst die geistliche Betreuung seiner Untertanen kontrollieren.

In Mittelfranken blickten die reformfreundlichen Kräfte zunächst auf Nürnberg – wie würde sich dieses auch intellektuelle Zentrum zum Thema stellen? Die Ratsherren sahen sich in einem Dilemma: Eine Mehrheit der Bevölkerung neigte Luthers

Lazarus Spengler und Andreas Osiander

Führender Kopf der proreformatorischen Bewegung über seine Heimatstadt hinaus war der Nürnberger Stadtschreiber und Ratsherr Lazarus Spengler (1479–1534). 1517 war er eines der Gründungsmitglieder des von Luthers Mentor Johannes von Staupitz in Nürnberg organisierten humanistischen Gesprächskreises *(Sodalitas)*. Er stellte sich früh auf die Seite Luthers und veröffentlichte kurz nach dem „Thesenanschlag" eine Verteidigungsschrift. Dies führte dazu, dass er 1520 gemeinsam mit Luther kurzzeitig vom päpstlichen Bann getroffen wurde. Auf dem Reichstag zu Worms kam es zu einer persönlichen Begegnung mit Luther, die Spenglers reformatorische Überzeugung festigte.

Zurück in Nürnberg wurde er einer der führenden Stützen Andreas Osianders (1498–1552). Der aus Gunzenhausen stammende Theologe wurde 1522 zum Pfarrer von St. Lorenz berufen, wo er 1525 mit Unterstützung des Rates den evangelischen Gottesdienst einführte. Spengler und Osiander arbeiteten gemeinsam eine Kirchenordnung aus, die dann von Markgraf Georg in den Fürstentümern der Hohenzollern übernommen wurde und als Brandenburgisch-Nürnbergische Kirchenordnung reichsweite Vorbildwirkung entfaltete.

Spengler vertrat seine Stadt auf dem Augsburger Reichstag 1530, auf dem die Spaltung des Reiches in Altgläubige und Protestanten manifest wurde. Osiander wurde von den Hohenzollern als Theologie-Professor an die neu gegründete Universität Königsberg (Preußen) berufen, wo er in lange andauernde Konflikte mit der evangelischen Orthodoxie geriet.

Lehre zu, und was der Rat auf alle Fälle verhindern wollte, war eine religiöse Spaltung. Andererseits ließ Kaiser Karl V. keinen Zweifel an seiner Entschlossenheit, die Einheit von Reich und Kirche im katholischen Sinn zu verteidigen.

Der Druck der Bevölkerung wie eigene Überzeugungen führten dazu, dass 1525 in Nürnberg eine reformierte Gottesdienstordnung eingeführt wurde. Die meisten Klöster der Stadt lösten sich selbst auf und gingen in städtischen Besitz über. Den verbliebenen, darunter das Klarissinnen-Kloster St. Klara, in dem Willibald Pirckheimers Schwester Caritas als Äbtissin

Markgraf Georg der Fromme (reg. 1515–43) war ein entschiedener Förderer der Reformation in seinem Fürstentum wie im ganzen Reich.

fungierte, wurde ein Beitritts-Stopp auferlegt, so dass die Ordensgemeinschaften auf natürlichem Wege erloschen. Eine ähnlich konservative Haltung zeigte der Rat, indem er jeden Ansatz zu einem Bildersturm im Keim erstickte. Die großen Kunstwerke der Nürnberger Kirchen blieben so erhalten, und bis heute überraschen die vielen Madonnenstatuen an Nürnberger Bürgerhäusern.

Ein wichtiger Schritt zur Ausformulierung der neuen Lehre wurde im Juni 1528 in Schwabach vollzogen. Dort ließ Markgraf Georg der Fromme auf einer Theologen-Konferenz die „Schwabacher Artikel" ausarbeiten. Sie stellten die evangelische Sicht auf Themen wie die Trinitätslehre, Erbsünde, Rechtfertigungs- und Sakramentenlehre sowie das Verständnis von Kirche dar. Im Oktober 1529 wurden sie ebendort von Vertretern der oberdeutschen Reichsstädte angenommen. Diese Artikel wurden eine Grundlage der Augsburgischen Konfession von 1530.

Auf den Reichstagen von Speyer 1529 und Augsburg 1530 trat Nürnberg offen an die Seite der Protestanten, der protestierenden Reichstände, und bekam prompt den kaiserlichen Zorn zu spüren: Kein Habsburger würde in der Folge seinen ersten Reichstag an der Pegnitz abhalten, noch würde Nürnberg je wieder Sitz des Reichsregiments werden. Mit der Glaubensspaltung war eine jahrhundertealte Partnerschaft zerbrochen.

Gespaltenes Franken

Von den anderen Reichsstädten war Windsheim schon 1522 vorgeprescht und hatte den reformierten Gottesdienst eingeführt. Weißenburg folgte 1530. In Rothenburg konnte das Stadtregiment dies bis 1544 verzögern. In Dinkelsbühl setzte sich, trotz lutherischer Mehrheit, keine Seite eindeutig durch, so dass nach den Vorgaben des Augsburger Interims von 1548 eine gemischt-konfessionelle Kirchenordnung und Stadtverfassung eingeführt wurden.

In Ansbach-Bayreuth hatte sich der gemeinsam mit seinem Bruder Georg regierende Markgraf Kasimir als hartnäckiger Verteidiger von katholischer Lehre und Kaiser-Nähe erwiesen, während Georg versuchte, sich in Polen und Ungarn ein weiteres Fürstentum aufzubauen. Schloss Ratibor in Roth, benannt nach der Stadt in Schlesien, erinnert bis heute an diese ehrgeizigen Pläne.

Nach Kasimirs Tod 1527 kehrte Georg „der Fromme“ (reg. 1515–43) mit einer eindeutig reformatorischen Agenda zurück. Er führte 1533 die Brandenburgisch-Nürnbergische Kirchenordnung ein und säkularisierte in großem Stil Kirchengut. Daneben wirkte er als Anwalt der evangelischen Bewegung unter seinen fürstlichen Standesgenossen. Dazu gehörte auch sein Verwandter Johann Albrecht, Großmeister des Deutschen Ordens: Dieser führte in seinen ostpreußischen Territorien 1525 die Reformation ein und verwandelte den dortigen Ordensstaat in ein weltliches Herzogtum. Die dem Deutschmeister unterstehenden Besitzungen des Ordens im Reich verweigerten sich aber der Reformation und blieben Bastionen des

Katholizismus. Dies galt für Ellingen als Sitz der Ballei Franken wie für das Gebiet um Virnsberg oder die Kommende in Nürnberg. Katholisch blieben auch der verstreute Besitz der bayerischen Wittelsbacher, z. B. Hilpoltstein, und die Besitzungen der Bischöfe von Eichstätt und Bamberg.

Das im Augsburger Religionsfrieden festgelegte Prinzip der religiösen Souveränität („Wer herrscht, ordnet den Glauben an") führte auch in Mittelfranken zu Glaubenswechseln. Ein Beispiel ist Heideck: Als Pfalz-Neuburgische Stadt war es zunächst katholisch geblieben. Nach der Verpfändung an Nürnberg 1546 erfolgte der Wechsel zur evangelischen Lehre, die nach der Auslösung durch Pfalz-Neuburg beibehalten wurde. Als jedoch Herzog Wolfgang Wilhelm zur katholischen Kirche konvertierte, musste Heideck ihm 1628 folgen.

Das protestantische Haus Hohenlohe, das über das Gebiet um Schillingsfürst herrschte, spaltete sich im 17. Jh. in einen katholischen und einen evangelischen Zweig. Letzterer erlosch 1728, so dass die katholische Linie ganz Hohenlohe übernahm. Inzwischen hatte sich das Verhältnis zwischen den Konfessionen aber so weit entspannt, dass die katholischen Fürsten jeweils protestantische Prinzessinnen heiraten konnten.

Aufstand des gemeinen Mannes

Ehe die konfessionelle Landkarte Mittelfrankens klare Konturen gewann, wurde dieses Gebiet von der Aufstandsbewegung des Deutschen Bauernkriegs ergriffen. Eines der Zündfässer lag an der westlichen Grenze, wo sich im März 1525 der „Tauberhaufen" bildete. Die rund 4000 bewaffneten Rebellen stammten aus den Dörfern rund um die Reichsstadt Rothenburg und waren von den „Zwölf Artikeln" inspiriert, die von oberschwäbischen Bauern formuliert worden waren. Ausgehend von der auf die Bibel gestützten Überzeugung, dass alles Menschen gleich seien, forderten sie die Aufhebung der Feudallasten und die Verkündigung des Evangeliums in der Volkssprache. Rittersitze und Klöster, aber auch Amtshäuser waren das bevorzugte Angriffsziel der Aufständischen, die Steuerlisten, Zinsbücher und andere Dokumente feudaler Abhängigkeiten verbrannten, allerdings auch plünderten und zerstörten.

Der Tauberhaufen schloss sich unter Führung des Ritters Florian Geyer mit dem Odenwälder Haufen zusammen. Sie bildeten einen Teil der 20.000 Mann umfassenden Bauernarmee, die im April Würzburg belagerte. Die Stadt öffnete zwar die Tore; es gelang aber nicht, die Festung Marienburg zu stürmen.

Inzwischen hatten die süddeutschen Fürsten ein Heer professioneller Landsknechte unter der Führung des Georg Truchsess von Waldburg (1488–1531) aufgestellt. Mit 9000 Landsknechten und 3000 Reitern stellte er das Bauernheer am 4. Juni bei Königshofen zur Schlacht, in der die schlecht bewaffneten „Amateure“ keine Chance hatten. Über 5000 tote Bauern blieben auf dem Schlachtfeld zurück.

In der Markgrafschaft Ansbach rückte Neustadt a. d. Aisch in den Mittelpunkt der Bauernrebellion. Am 8. Mai öffnete die Stadt die Tore einem etwa 500 Mann starken Bauerntrupp aus dem Umland, dem sich weitere Aufständische aus dem Raum um Cadolzburg angeschlossen hatten. Die markgräflichen Amtsträger wurden verjagt, zahlreiche Urkunden vernichtet und ein sympathisierender neuer Stadtrat eingesetzt. In den folgenden Tagen wurden Herrensitze und Klöster des Aischgrunds geplündert und teilweise zerstört. Doch bald gingen Dörfer wie Gutenstetten oder Diesbeck in Flammen auf: Markgraf Kasimir (reg. 1515–27) hatte seinen Rachefeldzug begonnen, und seine Landsknechte kannten keine Gnade. Am Tag nach der Rückeroberung Neustadts wurden auf dem Stadtwasen 18 Bürger und Bauernführer enthauptet. Ein ähnliches Blutbad spielte sich in Feuchtwangen ab – der Markgraf nahm seinen Auftrag, als Exekutor des Schwäbischen Bundes vorzugehen, wörtlich.

Das übrige Mittelfranken wurde von der großen Rebellion weniger berührt; v. a. der Reichsstadt Nürnberg gelang es, durch eine Mischung aus Entgegenkommen und energischem Auftreten die eigenen Bauern ruhig zu halten.

Für die betroffene Landbevölkerung wogen die Folgen des Aufstands schwer. Die Dörfer litten unter dem Verlust arbeitsfähiger Männer und mussten weitere Einschränkungen ihres rechtlichen Status hinnehmen. Viele Familien von Bauern und

Ackerbürgern waren ruiniert, mussten sie ihren Herrschaften doch hohe Straf- und Entschädigungszahlungen leisten. Das Bauerntum schied als politischer Faktor aus. Die großen Gewinner des Konflikts waren Fürsten und andere Landesherren, die die Kontrolle ihrer Untertanen intensivierten und einen wesentlichen Schritt zum modernen Territorialstaat vollzogen. Das galt auch für die Kirchenordnungen: An die Stelle der von den Aufständischen erhofften Gemeindeautonomie trat ein straff organisiertes Landeskirchenwesen.

Alcibiades träumt vom Franken-Reich

War das Nürnberger Land den Schrecken des Bauernkriegs auch weitgehend entkommen, so wurde es knapp 30 Jahre später Schauplatz eines noch verheerenderen Konflikts. Seit 1541 regierte in Kulmbach der junge Albrecht, mit dem Beinamen Alcibiades, ein Bezug auf den Athener Staatsmann des 5. Jhs. v. Chr., der sich mit kühnen Plänen einen Namen gemacht hatte. An Plänen fehlte es auch Albrecht nicht. Er war entschlossen, den Traum seines Vorfahren von der Schaffung eines Herzogtums Franken in die Tat umzusetzen (s. S. 59f.).

Erstes Hindernis war der kleine Georg Friedrich, den der in Ansbach regierende Onkel, der fromme Georg, kurz vor seinem eigenen Tod gezeugt hatte. Albrecht hätte die beiden Markgrafschaften gerne zumindest als Vormund vereint, doch legten sich die Ansbacher Hofräte quer. Er wandte daher seine Aktivität gegen seine Lieblingsfeinde, die „Pfaffen", die Bischöfe von Würzburg und Bamberg, und die „Pfeffersäcke", die Bürgerschaft der Reichsstädte, allen voran Nürnbergs.

Die Noris hatte seit ihrem Beitritt in die Reihen der protestantischen Reichsstände einen politischen Schlingerkurs gefahren. Einerseits förderte man die Ausbreitung der evangelischen Lehre, andererseits wollte man es sich mit dem katholischen Kaiser Karl V. nicht verderben. So weigerte sich Nürnberg, dem 1530 in Schmalkalden geschlossenen Bund protestantischer Stände beizutreten – wie im übrigen auch Rothenburg, Weißenburg und Windsheim. Auch im 1546 zwischen dem Bund

Markgraf Albrecht Alcibiades (reg. 1541–54) überzog Mittelfranken mit verheerenden Kriegszügen, scheiterte aber mit seiner Machtpolitik.

und dem Kaiser ausgebrochenen offenen Krieg verhielt sich Nürnberg neutral. Albrecht dagegen kämpfte an der Seite des Kaisers und war maßgebend an dessen Sieg bei Mühlberg 1547 beteiligt. Als der Habsburger dann aber seinen Triumph in ein politisches und religiöses Diktat umzusetzen versuchte, schloss sich der Markgraf 1552 dem Aufstand deutscher Fürsten an, mit dem sie ihre Machtstellung gegen kaiserliche Einmischung endgültig verteidigten.

Auch diesen Konflikt versuchte Nürnberg ohne Parteinahme auszusitzen, was Albrecht zum Anlass für seinen lange geplanten Kampf um Franken nahm. Mit der vorgeblichen Berufung auf ein Mandat des Fürstenbundes erklärte er Nürnberg und den Hochstiften Bamberg und Würzburg den Krieg. Auch Rothenburg und Windsheim sowie die Länder des Deutschen Ordens standen auf Albrechts langer Feindesliste. Mit einer Söldnerarmee erpresste er von den Reichsstädten und den

Bischöfen hohe Lösegeldzahlungen und auch Gebietsabtretungen. Als mit dem Friedensvertrag zwischen Kaiser und Fürsten diese Gewaltakte annulliert werden sollten, ließ der Hohenzoller 1553 die Kriegsfurie auf Franken los. Reichsstädtische und bischöfliche Gebiete wurden gebrandschatzt; Bamberg selbst wurde besetzt und geplündert. Vor Nürnbergs starken Mauern mussten Albrechts Söldner kapitulieren, umso schlimmer hausten sie in den Dörfern im Umland; auch Städte wie Altdorf und Lauf wurden teilweise zerstört.

Für diese Gewaltakte wurde über Albrecht die Reichsacht verhängt; ein Reichsheer wurde aufgestellt, das den Friedensbrecher, der seine Raubzüge auf Mittel- und Norddeutschland ausweitete, in die Schranken weisen sollte. Dies gelang im Juli 1553 in der blutigen Schlacht von Sievershausen (Niedersachsen). Albrecht Alcibiades erlitt – wie sein griechischer Namensvetter – eine schwere Niederlage. In der Folge marschierten die siegreichen Bundestruppen auf brandenburgisch-kulmbachisches Gebiet und verwüsteten dort ihrerseits Dörfer und Städte. Albrecht blieb gebannt; seine Lande wurden von seinen fränkischen Widersachern besetzt, ehe sie 1558 an den in Ansbach regierenden Hohenzoller Georg Friedrich zurückgegeben wurden. Albrecht war im Jahr zuvor, wie der antike Alcibiades, im Exil gestorben, in Pforzheim bei der badischen Verwandtschaft.

Trotz der eindeutigen Kriegsschuld seines Verwandten forderte der neue Markgraf hohe Entschädigungen von den Gegenspielern Albrechts, während diese auf den erlittenen Schäden sitzen blieben. Alleine auf Nürnberger Gebiet waren sieben Städte, 19 Schlösser und 253 Dörfer zum Großteil, wenn nicht ganz zerstört worden. Der Reichsstadt verursachte dieser Zweite Markgräflerkrieg Kosten von 4,5 Mio. Goldgulden – ein Aderlass, von dem sie sich noch nicht erholt hatte, als der nächste, noch verheerendere Krieg ausbrach.

Hexenjagd im Frankenland

Noch bevor das große Sterben des Dreißigjährigen Kriegs begann, war auch Franken von einer „Seuche“ erfasst worden, die vom 16. bis 18. Jh. Tausende von Opfern forderte – dem Hexenwahn. Dass der an sich uralte Hexenglaube zu einer Massenhysterie ausarten konnte, verlangte allerdings besondere Umstände. Diese beruhten nicht auf der Rückständigkeit eines angeblich „finsteren Mittelalters", sondern ironischerweise auf dem analytischen Denken der beginnenden Neuzeit. Jetzt konnte ein Kompendium wie der „Hexenhammer" von 1486 entstehen – ein Handbuch für alles, was man über Hexen wissen müsse: Wie man sie findet, entlarvt und ihrer verdienten Strafe zuführt. Als weiteres und im Geist der Zeit fortschrittliches Sammelwerk wurde 1507 die „Bambergische Peinliche Halsgerichtsordnung" erlassen, die als Vorlage für nachfolgende Kriminalgesetzbücher diente. Die Verfolgung von Hexen, das Geständnis unter Folter und die allfällige Hinrichtung waren damit fester Bestandteil des frühneuzeitlichen Justizsystems.

Die Instrumente waren da; jetzt fehlte nur noch die Krise. Sie begann mit den Erschütterungen der Reformation, als Wahrheiten und Überzeugungen in Frage gestellt wurden. Der Bauernkrieg und freireligiöse Schwarmbewegungen wie die der Täufer trugen zur Verunsicherung bei. Noch schwerer wog die „Kleine Eiszeit", ein Klimawandel mit sinkenden Temperaturen, langen Wintern und häufigen Niederschlägen. Angedeutet hatte sich der Umschwung seit dem 15. Jh.; deutlich spürbar mit sich häufenden Missernten wurde er Mitte des 16. Jhs.

Auf der Suche nach den Ursachen kam man schnell auf Hexenwerk, auf Schlechtwetterzauber. Die große Hexenjagd ergriff ganz Europa, wenn auch in unterschiedlicher Intensität. Im deutschen Reichsgebiet erlebte sie zwischen 1590 und 1650 ihren grimmigen Höhepunkt. Protestantisch-reformierte wie katholische Gebiete waren gleichermaßen betroffen; die fränkischen Hochstifte spielten allerdings eine besonders unrühmliche Rolle. In Würzburg duldete der bedeutende Reformbischof Julius Echter von Mespelbrunn (reg. 1573–1617) eine Verfolgungswelle, die alleine in seinem letzten Lebensjahr 300 Tote forderte. In Bamberg ließen die Fürstbischöfe zwischen 1609 und 1633 doppelt so viele Menschen den Hexentod sterben, darunter den eigenen Bürgermeister.

Ein erschröcklich geschicht Vom Tewfel vnd einer vnhulden/ beschehen zu Schilta bey Rotweil in der Karwochen. M. D. XXXiii Jar.

Ms F 12 256

Newe zeytung geschehen drey meyl von Rotweyl da ist ein Stedlein im Hornberger tal das hayst Schylta do ist der teufel in das selbig stetlein in ein Wirts hauß kummen/ist vngefärlich drey oder vyer tag im selbingen Wirts hauß gewesen/ hat daselbst angefanngen zu Trummen vñ Pfeyffen in der Stuben vnd allenthalbē im hauß man hat aber nichts sehen künden sonder so seltzam ding/der gleichen vor nie/gehört Es sind ethlich abetewrer kummen vnnd haben in wellen beschweren do hat der Teufel angefangen zu reden sie sollē sein miessig ghen/ Was sie in wellen beswerent sie seyn böser dañ er/hat in gesagt was sie gethō vnnd gestolen haben. Zu letzt hat er so vil mit dē wiert geredt er soll die mayd auß dē hauß thō er well im sunst daß hauß verbrennen dann die mayd sey sein vnnd er soll ins nit auffhalten / do hat der wierdt der mayd vrlawb geben. Nach dem ist der Teufel hinweg gefaren hat zū wierdt gesagt er soll sich dar zu rüsten er well jm das hauß auff den gryenen Donerstag in der karwuchen verbrennen. Darnach auff dē Grienen Donerstag ist die mayd auff ein ofengabel gesessen ist in einer halben stünd zwū meyl vō Rotweyl gē Schiltach in das wierds hauß auff ein hewbaren gefaren/do ist der Teufel zu jr kummen hat ein hefelein gepracht vñ zu jr gesagt sie soll das hefelein vmschütten so wer es gleych als brinnen/welchs so bald sie es gethō ist es als brinnent worden. Jn dē ist sie hinweg gen Oberndorff gefaren da ist von stundan das hauß angangen vnnd das gantz Stedtlein biß on drey kleine heußlein vngefärlich in anderhalber stund gar verbrunnē Aber vber die drey heußlein/wie sie in der vrgicht bekennt/hat der Teuffel kain gewalt gehabt. Die zway sinnd zwayer armen gesellen gewest vnd das dritt eines dabey die armen vnnd was sunst niemants hat wellen beherbergē/herberg gehabt haben. Wie solchs beschehē hat mā nach jr gryffē sy gefēcklich angenūmē am Karfreytag zu Oberndorff/ vñ daselbst am mōtag vor sanct Görgē tag verbrent/vñ sechs vñ dreyssig artickel verlesē die sie in jrer vergycht bekent hat / fast schendtlich schröcklich vñ schedliche ding wie sie viech vnnd leut verderbt vñ schaden zugefügt hat Achtzehē jar hat sie mit dem Teufel zugehalten vnd jhr eygen mutter hat sie es selbst gelert. Sölch erschrecklich geschicht solt vns bililch zuhertzen ghen vñ zur besserung vnsers lebens raytzen/ in eim rechten glauben gegen Got vnnd thetiger lieb gegen dem nechstē zuwandlē/ dieweil er vns vmb vnser sündt willen so mit schröcklicher straff heymsucht/ Darbey auch erlernē/ wie vns Got jmitten des vbels vnd der straff behüten kan/ wie er auch Daniel in mitte der lewen vnd die drey kinder im feurigen ofen vnuerletzt behüt hat/damit wir auch in seiner forcht vnnd nach seinem willen wandlen / auff das er vns nit einfür in versüchung sonder behüt vns vor vbel vnnd verleych vns nach disem leben das ewig Amen.

Steffan Hamer Briefmaler.

Die große Hexenjagd der Frühen Neuzeit (zeitgenöss. Darstellung einer Verbrennung) forderte auch in Mittelfranken ihre Opfer.

Auch Eichstätt konnte sich der Hexenjagd nicht entziehen. Zwischen 1532 und 1723 wurden dort 224 Menschen – überwiegend Frauen, aber auch 27 Männer – wegen Hexerei hingerichtet. Die meisten davon, mindestens 176, starben unter Fürstbischof Johann Christoph von Westerstetten (reg. 1612–37). Aus Herrieden, wo ein eigenes Gefängnis für die „bösen Weiber und Hexen“ eingerichtet wurde, sind z. B. sechs Hinrichtungen überliefert, aber auch die Geschichte einer alten

Frau, die trotz Folter standhaft blieb und nach zwei Jahren aus der Haft entlassen wurde.

Unter den protestantischen Landesherren erwies sich Markgraf Georg Friedrich von Ansbach-Kulmbach (reg. 1543–1603) als überzeugter Hexenjäger. 1591 befahl er die Ausrottung von „hochschädlichen Personen, so mit der Zauberei und teuflischem Hexenwerk behaftet sind". In den folgenden zwei Jahren wurden bei Hexenprozessen u. a. in Schwabach, Heilsbronn, Langenzenn und Cadolzburg 42 Todesurteile – 37 davon gegen Frauen – verkündet; immerhin gab es auch 25 Freisprüche.

Die Reichsstädte hielten sich dagegen mit Hexenprozessen und v. a. Hinrichtungen weitgehend zurück. In Nürnberg sind zwischen 1434 und 1725 lediglich etwas über 60 Anklagen wegen Zauberei und Hexerei überliefert. Sie endeten aber nur in wenigen Fällen mit der Hinrichtung. Auch Schuldiggesprochene wurden meist nur gebrandmarkt, an den Pranger gestellt oder der Stadt verwiesen. Eine ähnlich geringe Zahl an Hexenprozessen weist Rothenburg vor; Hinrichtungen sind hier nur drei überliefert. Windsheim erlebte dagegen zwischen 1596 und 1600 eine wahre Hinrichtungsorgie, der 23 Hexen zum Opfer fielen. Ein Teil der Prozesse war – wie auch in Weißenburg – auf Drängen der Deutschordens-Ballei Ellingen durchgeführt worden. Das Ordensgebiet erlebte 1575, ab 1590 und 1629/30 mehrere Verfolgungswellen, die sich durch besondere Grausamkeit auszeichneten. So wurden Verurteilte nicht auf dem Scheiterhaufen verbrannt, sondern in heißem Öl zu Tode gequält.

Als sich der Dreißigjährige Krieg immer länger hinzog, ließ das Hexenfieber nach – die Autoritäten hatten andere Sorgen. Gelegentlich kam es aber weiterhin zu Anklagen und Verurteilungen, wobei die Todesstrafe zunehmend durch Enthauptung vollstreckt wurde. In Eichstätt wurde 1723 eine junge Bettlerin das letzte Opfer einer Hexerei-Anklage. In Nürnberg endete zwei Jahre später der letzte Hexenprozess mit einer Freilassung, nachdem der Angeklagte Abschwur geleistet hatte. Die kleine, folgenschwere Eiszeit war da zwar noch deutlich zu spüren, das Wirken der Aufklärer konnte den Hexen-Aberglauben aber zunehmend in Frage stellen.

Das große Sterben: 30 Jahre Krieg

Seit 1555 war mit dem Augsburger Religionsfrieden die evangelische Lehre als zweite Konfession im Reich anerkannt. Gleichzeitig wurde festgelegt, dass der jeweilige Landesherr die Konfession der Untertanen bestimmte. Eine Duldung beider Glaubensrichtungen in einem Territorium war möglich, ansonsten blieb nur die Auswanderung.

Die Unterzeichner des Religionsfriedens waren davon ausgegangen, den 1552 erreichten Status der Konfessionen festzuschreiben. Dies blieb ein frommer Wunsch. Die katholische Kirche sammelte ihre Kräfte zur Gegenreformation; protestantische Fürsten und Räte blickten begehrlich auf geistliche Besitzungen, und mit der Reformierten Kirche wollte eine dritte Kraft im Spiel um Glaube und Macht mitwirken.

Nach Jahrzehnten angespannter Ruhe verschlechterten sich Anfang des 17. Jhs. die Beziehungen zwischen den Konfessionen bzw. deren wortführenden Mächten. 1608 schlossen sich protestantische und reformierte Fürsten zur „Union" zusammen, einem Schutzbündnis gegen die Habsburger-Kaiser und ihre gegenreformatorische Politik. Zu den Vertragspartnern gehörten die fränkischen Hohenzollern; die Unterzeichnung erfolgte im ansbachischen Auhausen. Nach einigem Zögern trat 1609 auch Nürnberg der Union bei. Im Gegenzug schlossen sich katholische Mächte, angeführt von Bayern und den Bistümern, zur „Liga" zusammen. Die Fronten waren gezogen; es fehlte nur noch der Funke für den Flächenbrand.

Dieser Funke wurde 1618 mit dem „Prager Fenstersturz" geschlagen, als der überwiegend protestantisch-reformierte böhmische Adel gegen die Habsburger zur offenen Rebellion schritt. Die Böhmen wählten den Pfälzer Kurfürsten Friedrich zu ihrem neuen König, das Fanal zu einer Kriegsepoche, die drei Jahrzehnte andauerte. Böhmen wurde der erste Schauplatz, allerdings nur für kurze Zeit: Am 8. November 1620 erlitten die Böhmen und ihr „Winterkönig" am Weißen Berg bei Prag eine vernichtende Niederlage; die Habsburger behaupteten mit eiserner Hand ihre Herrschaft über Böhmen.

Marschall Pappenheim – Feldherr aus Mittelfranken

„Daran erkenn ich meine Pappenheimer!" Mit diesem Zitat aus Schillers „Wallenstein" wurde eine militärische Persönlichkeit verewigt, die den Dreißigjährigen Krieg mitprägte: der mittelfränkische Reichsgraf Gottfried Heinrich zu Pappenheim (1594–1632). Seine Vorfahren dienten den Staufern als Marschälle und konnten ihrer Familie das Amt des Reichserbmarschalls sichern. Mit dieser Rückendeckung konnte die Familie rund um ihren Stammsitz im Altmühltal und im Schwäbischen ein beachtenswertes Territorium erwerben und die Reichsunmittelbarkeit bewahren.

Zur Zeit Gottfried Heinrichs war die Familie ins protestantische Lager übergewechselt, und der junge Graf studierte, wie sein späterer Feldherr Wallenstein, an der nürnbergischen Akademie Altdorf. Er sah seine Karriere jedoch auf Seiten des Kaisers am besten aufgehoben, trat zum Katholizismus über und in habsburgische Dienste. Er rekrutierte für die kaiserliche Armee ein Kürassier-Regiment, das beim überlegenen Sieg von 1620 am Weißen Berg bei Prag eine wesentliche Rolle spielte. Pappenheim selbst wurde dabei schwer verwundet. Nach einer langwierigen Genesung kämpfte er ab 1625 als Kavallerie-Oberst in Oberitalien, gegen aufständische Bauern in Oberösterreich und gegen Christian IV. von Dänemark in Niedersachsen. 1631 wurde er zum Feldmarschall ernannt. Unter Tilly war er an der Eroberung und Zerstörung Magdeburgs beteiligt; die schwere Niederlage der Kaiserlichen gegen Gustav II. Adolf bei Breitenfeld konnte er allerdings auch nicht verhindern. Bei Lützen im folgenden Jahr führte Pappenheim eine erfolgversprechende Attacke seiner Reiter gegen die Schweden, als er erneut schwer verwundet wurde, woraufhin sich seine Reiter zur Flucht wandten. Am nächsten Tag starb er in Leipzig.

Obwohl sich die Union daraufhin auflöste, kam es nicht zum Frieden, da die norddeutschen Fürsten den Kampf gegen die katholisch-kaiserliche Seite fortsetzten. Das Kriegsgeschehen spielte sich weit von Franken ab; durchmarschierende Truppen gaben aber auch hier einen Vorgeschmack kommenden Elends. Dabei schien der Krieg 1629 beendet: Die kaiserlich-katholischen Feldherren Wallenstein und Tilly hatten im Norden triumphiert, und Kaiser Ferdinand sah die Chance gekommen, massive Korrekturen an der politischen und konfessionellen Landkarte des Reichs vorzunehmen.

Damit stachelte er allerdings nur den Widerstandswillen der protestantischen Stände an, die einen machtvollen Verbündeten fanden: Schwedens König Gustav II. Adolf (reg. 1611–32) schwang sich zum Verteidiger des Protestantismus auf und führte seine moderne und hoch motivierte Armee über die Ostsee. Unter dem Jubel der Evangelischen wendete sich prompt das Kriegsglück. In mehreren siegreichen Schlachten kämpfte sich der Schwedenkönig im Juni 1632 bis München durch, das er als Residenz seines katholischen Widersachers Maximilian I. von Bayern (reg. 1597–1651) gründlich ausplünderte.

Der Krieg kommt nach Franken

Plünderung war auch das Los der Dörfer und Landstädte auf dem Marschweg der Armeen. Im Gebiet von Verbündeten versuchte man, die Versorgung der Truppen durch eine geregelte Kontribution sicherzustellen – die Speicher und Ställe waren danach aber ebenso leer wie bei gewaltsamerem Vorgehen in Feindesland.

Dies musste nun auch Franken erfahren. Auf dem Zug nach Bayern waren die schwedischen Söldner auf ansbachischem Gebiet zwar umjubelt worden, hatten aber auch leere Scheunen hinterlassen. Jetzt drohte Ungemach aus der anderen Richtung: Angesichts der Schwedengefahr war der in Ungnade gefallene Wallenstein rehabilitiert und mit der Aufstellung einer neuen Armee beauftragt worden. Die sammelte er in Böhmen und ließ sie Richtung Nürnberg marschieren.

Als Gustav II. Adolf im März 1632 mit seiner Armee erstmals vor der Stadt eingetroffen war, hatte der Rat gezögert, sich einem erklärten Gegner des Kaisers anzuschließen, diesem dann aber unter dem Jubel der Bevölkerung doch die Tore geöffnet. Hastig dem neuen Feind entgegeneilend, war Gustav Adolf im Juni nach Nürnberg zurückgekehrt und hatte dort sein Hauptquartier aufgeschlagen – gerade noch rechtzeitig, bevor Wallenstein mit seiner Armee die Stadt umging und seine Truppen auf der Anhöhe der Alten Veste bei Zirndorf ein Heerlager aufschlagen ließ.

Drei Monate lang lagen sich nun 84.000 Mann und Tross südlich von Fürth gegenüber, was dem Umland bittere Not bescherte. Um die eigene Versorgung sicherzustellen, schwärmten sowohl Kaiserliche als auch Schweden immer weiter ins Fränkische aus. Dabei machten sie keinen Unterschied zwischen nürnbergischen, hohenzollerischen oder bischöflichen Dörfern und Märkten.

Da sich auch in Nürnberg die Vorräte erschöpften, versuchte Gustav Adolf, eine Entscheidung zu erzwingen; sein Angriff auf die Alte Veste scheiterte aber mit hohen Verlusten. Vom Aushungern bedroht, zogen schließlich beide Armeen Richtung Sachsen ab. Erst im November hatten die Truppen wieder so viel Kraft gesammelt, dass es bei Lützen zur großen Konfrontation kam.

Verheertes Land

„Zertreten lagen alle umliegenden Felder, die Dörfer in Asche, das ausgeplünderte Landvolk verschmachtete auf den Straßen, Modergerüche verpesteten die Luft, verheerende Seuchen ... wüteten unter Menschen und Tieren. In der Pfarrgemeinde Poppenreuth lebte nur noch der vierte Teil der früheren Bevölkerung“, so die Schilderung eines Chronisten. Im Winter verhungerten viele Landbewohner, und die Kriegsnot war keineswegs vorbei. In Forchheim und auf dem Rothenberg hatten die Kaiserlichen Garnisonen zurückgelassen, die weiterhin Raubzüge unternahmen.

Nürnberg füllte sich so mit mehr und mehr Flüchtlingen, obwohl auch die städtischen Vorräte erschöpft waren. 1633/34 kam es zum schwersten Ausbruch der Pest in der Geschichte der Stadt. Nach einer Chronik starben „in allem, so genau nicht gerechnet, über 18.000 Personen ...“

Die Schlacht bei Lützen hatte zwar den Tod Gustav Adolfs gebracht, aber keine Entscheidung. Erst als 1634 die kaiserlich-katholische Armee bei Nördlingen den Schweden eine emp-

Plünderungen, Mord und Brandschatzung erlebten während des Dreißigjährigen Kriegs auch Mittelfrankens Dörfer und Städte.

findliche Niederlage beigebracht hatte, kamen die Parteien zu Verhandlungen zusammen.

Dieser Kriegszug hatte Mittelfranken einmal mehr schwere Not gebracht. Zu den gestürmten und geplünderten Städten zählten 1633 Herrieden und Eschenbach; ein Jahr später wurden in Eichstätt 444 Häuser und sieben Kirchen niedergebrannt.

1635 kam es zu Prag zu einem Friedensabkommen, das vom französischen Kardinal und Staatsminister Richelieu aber mit Geld und Intrigen gezielt unterlaufen wurde. Der große Krieg ging weiter, noch 13 lange Jahre, in denen die Soldateska in plan- und ergebnislosen Feldzügen große Teile des Reichs immer weiter verwüstete. Zu den besonders schwer betroffenen Gebieten zählte Mittelfranken.

Die Geschichte vom Meistertrunk, die in Rothenburg als Festspiel zur Aufführung kommt, ist dort auch täglich im Glockenspiel zu sehen.

Meistertrunk und Kinderzeche

Die Schrecken des Dreißigjährigen Krieges waren eine Erinnerung, welche die Menschen gerne verdrängten. Erst der Historismus des zweiten Kaiserreichs erkannte das folkloristische Potenzial dieser dramatischen Zeiten. Lokalhistoriker und Volksdichter durchforschten die Stadtchroniken nach Vorlagen, die sich dramaturgisch aufarbeiten und gegebenenfalls zurechtbiegen ließen. So bringt Rothenburg o. d. Tauber seit 1881 alljährlich die Legende vom „Meistertrunk" auf die Bühne und in die Straßen der Stadt. Ihr zufolge soll der kaiserliche General Tilly nach der Kapitulation Rothenburgs im Oktober 1630 gedroht haben, alle Ratsherren hinzurichten und die Stadt zur Brandschatzung freizugeben. Um ihn milde zu stimmen, habe man ihn bei seinem Einzug mit einem gewaltigen Glashumpen Wein begrüßt, der über drei Liter fasste. Tilly bot daraufhin an, die Stadt zu verschonen, sollte einer ihrer Bürger den Humpen in einem Zug leeren. Der frühere Bürgermeister Georg Nusch habe die Herausforderung erfolgreich bewältigt, so dass Rothenburg verschont blieb.

Altdorf erinnert seit 1894 im Drei-Jahres-Rhythmus mit einem Festspiel an Wallensteins dortige Studentenzeit, die phantasievoll mit dessen späterer Rückkehr als Generalissimus verbunden wird.

Die „Kinderzeche" von Dinkelsbühl reicht in ihren Ursprüngen bis in die Zeit vor dem Krieg zurück. Seit der Einrichtung einer Lateinschule Ende des 15. Jhs. gab es einen alljährlichen Umzug der

Auf eine Legende aus dem Dreißigjährigen Krieg geht auch das Festspiel der Kinderzeche in Dinkelsbühl zurück.

Schüler, bei dem diese als Dank für ihre Entrichtung des „Zechgeldes" selbst bewirtet wurden. Zu dem Umzug in historischen Gewändern kam 1897 ein Festspiel, das die angebliche Rettung der Stadt vor der Plünderung durch die Schweden 1632 feiert. Demnach sei ein Kindermädchen mit ihren Schützlingen dem schwedischen Befehlshaber entgegengezogen. Da dieser eben seinen eigenen Sohn durch Krankheit verloren hatte, habe ihn der Anblick der Kinder so gerührt, dass er die Stadt unversehrt ließ.

Der Friede wird in Nürnberg besiegelt

Mitte der 1640er Jahre war das Elend schließlich so unerträglich geworden, dass sich die zerstrittenen Parteien und interessierten Großmächte doch an einem Tisch zusammensetzten. Genaugenommen waren es zwei: einer in Münster für die Verhandlungen zwischen dem Kaiser und Frankreich und einer in Osnabrück für das Reich und Schweden. Das Ergebnis war der im Oktober 1648 geschlossene Westfälische Friede. Er bedeutet faktisch das Ende des Heiligen Römischen Reichs deutscher Nation als Machtfaktor. Die Landesfürsten wurden weitgehend souverän. Religionspolitisch wurden die Bestimmungen von 1555 bestätigt, nun mit Einschluss der Reformierten.

Mit einem Friedensmahl der Delegierten aller Parteien wurde in Nürnberg im September 1649 das Ende des Dreißigjährigen Kriegs besiegelt.

Details dieser Verträge waren offen geblieben; sie sollten im Abschlussprotokoll des „Friedensexekutionshauptrezesses" festgelegt werden. Als Ort der Konferenz, die im April 1649 zusammentrat, war Nürnberg auserwählt worden – eine teure Ehre für die Stadt, auf die der Rat gerne verzichtet hätte. Tatsächlich zogen sich die Verhandlungen bis Juni 1650 hin. Dann konnte der Friede gefeiert werden, mit Feuerwerken und Festakten, die europaweit Aufsehen erregten. Ein letztes Mal hatte die Reichsstadt Weltpolitik gemacht. Von den gewaltigen Schulden (6 Mio. Goldgulden) und Kriegsverlusten erholte sie sich aber nicht mehr.

Überhaupt zählten Reichsstädte und Reichsritter zu den Verlierern des Kriegs. Die Bevölkerungsverluste, die in Teilen Frankens bis zu 70 % betrugen, ließen sich kaum ausgleichen; mancher Ritter musste selbst Hand mit anlegen, um seine mageren Felder zu bestellen. Die exportorientierte Zunftwirtschaft der Reichsstädte bekam den massiven Rückgang der Bevölkerung unmittelbar zu spüren. Größere Territorien wie Fürstentümer und Hochstifte hatten da eine bessere Ausgangssituation.

Von Windsheim in die weite Welt

Zwei bedeutende Reisende und Forscher des Barockzeitalters wurden in Windsheim geboren: Johann Jakob Merklein (1620–1700) entstammte einer Badersfamilie und lernte selbst dieses Handwerk, das neben der Haarpflege auch medizinische Aufgaben bis hin zur Chirurgie einschloss. Auf seiner Wanderschaft durch das kriegszerrüttete Reich gelangte er 1644 nach Amsterdam, wo er als Schiffsarzt bei der Niederländischen Ostindien-Compagnie (VOC) anheuerte. In Batavia betreute er drei Jahre lang die örtliche Kolonie. Dort liefen die Handelsgüter der VOC zusammen, und deren Ursprungsländer wollte Merklein kennenlernen. Als Schiffsarzt bereiste er Länder vom Persischen bis zum Chinesischen Meer und notierte seine Beobachtungen. Als einer der ersten Europäer gelangte er an den Hof des Königs von Siam; in Nagasaki traf er mit dem Berufskollegen Caspar Schamberger zusammen, der – eine große Ausnahme – ein Jahr in der japanischen Hauptstadt Edo verbringen durfte. Nachdem er den Äquator nicht weniger als 14 Mal überquert hatte, kehrte Merklein 1653 in die Heimat zurück. Gemeinsam mit dem Nürnberger Gymnasialprofessor Christoph Arnold veröffentlichte er in den folgenden Jahren seine Beobachtungen über die ostasiatischen Reiche.

In Windsheim geboren wurde auch Georg Wilhelm Steller (ursprünglich Stöller, 1709–46), Sohn eines aus Nürnberg zugewanderten Kantors und Organisten. Er studierte in Wittenberg Medizin und suchte sein Glück danach im Russischen Reich. Er wurde in die Nordmeer-Expedition des Kapitäns Vitus Bering berufen, welche 1741 die nach Bering benannte Meeresstraße zwischen Sibirien und Alaska erkundete. Nach dessen Tod übernahm Steller die Leitung der Expedition und war wesentlich an der glücklichen Rückkehr der Überlebenden beteiligt. In den folgenden Jahren erforschte er ausführlich Fauna und Flora der Halbinsel Kamtschatka. Nach Sankt Petersburg zurückbeordert, starb Steller im westsibirischen Tjumen. Mehrere Tier- und Pflanzenarten tragen den Namen des Windsheimers. Wohl am bekanntesten ist die Stellersche Seekuh, mit bis zu 8 m Länge und 10 t Gewicht der größte Vertreter dieser Säugetiergattung. Ihr Nachruhm gründet allerdings auf dem traurigen Umstand, dass nur 22 Jahre nach Stellers Tod das letzte Exemplar von Pelzjägern erlegt wurde. Überlebt hat dagegen der Stellersche Seelöwe, ebenfalls die größte Art seiner Gattung.

Um die Finanzmittel im Lande zu halten, verschrieben sich die Fürsten des späteren 17. Jhs. der Politik des Merkantilismus, einer ökonomischen Abschottungspolitik. Die traf besonders die Reichsstädte, die für ihre Produkte freien Handel benötigten. Die kleineren Reichsstädte stiegen zu eher ärmlichen Ackerbürgerstädten ab. In Rothenburg und Nürnberg konzentrierte sich das Patriziat auf die Bewirtschaftung seiner Landgüter und nahm Lebensstil und Attitüden des Adels an. Dort Aufnahme zu finden wurde den Ratsfamilien wichtiger als Politik im Interesse der Stadt.

Deren Bürger erlebten das nachfolgende Jahrhundert als eine Zeit von Niedergang und Stagnation. Dynamischere Kapitel der Geschichte wurden dagegen von den Hohenzollern in ihren Fürstentümern geschrieben.

Fürstenmacht und Umsturzzeiten – 1700 bis 1806

Offene Türen für Glaubensflüchtlinge

Als katholische Herrscher begannen, reformierte Untertanen vor die Wahl „Konversion oder Auswanderung“ zu stellen, bot auch Mittelfranken den Glaubensflüchtlingen eine Heimat. Diese Zuwanderung begann bereits um 1600: Als die Habsburger in ihren Stammlanden die Gegenreformation durchzusetzen suchten, verließen die ersten „Exulanten“ ihre Heimat – anfangs meist Angehörige des Bürgertums, die in den Städten wie Nürnberg gerne aufgenommen wurden. Ab den 1620er Jahren folgten ihnen Handwerker und Bauern, die v. a. in den Dörfern und Landstädten der Markgrafschaften der Hohenzollern Aufnahme fanden; das Gebiet um Neustadt a. d. Aisch und Langenzenn war ein Schwerpunkt dieser Ansiedlungspolitik.

Eine zweite Zuwanderung begann 1685, als der „Sonnenkönig“ Ludwig XIV. das Edikt von Nantes aufhob, das den reformierten Hugenotten Religionsfreiheit gewährt hatte, woraufhin Zehntausende Familien Frankreich verließen. Zu den Fürsten, welche die Gelegenheit nutzten, ihre unter den Nachwehen des Krieges leidenden Lande mit motivierten und qualifizierten Zuwanderern voranzubringen, zählten erneut die Hohenzollern, in Brandenburg wie in den fränkischen Herrschaften. Der Bayreuther Markgraf Christian Ernst (reg. 1655–1712) erließ noch 1685 ein Privileg, das „Refugiés“ Steuer- und Gewerbefreiheit sowie freie Religionsausübung versprach; sein Vetter in Ansbach folgte ihm wenig später. In Schwabach und Ansbach ließen sich zahlreiche Glaubensflüchtlinge nieder.

Zunächst wirtschaftlich motiviert, hatte die Aufnahme der ausländischen Reformierten in evangelische Herrschaften weitreichende politische Folgen: Das bisherige Prinzip der Einheit der Religion in einer Herrschaft war durchbrochen, an seine Stelle trat das der religiösen Toleranz.

Hugenottenstadt Erlangen

Um den Zuzug der reformierten Ausländer zu kontrollieren und deren Expertise zu bündeln, ließ Markgraf Christian Ernst eine neue Stadt neben dem Marktstädtchen Erlangen bauen. Die neue Planstadt Christians-Erlang nahm die Mehrzahl der rund 1000 Refugiés auf, die in der Markgrafschaft Brandenburg-Bayreuth ihre neue Heimat fanden. Sie war aber keine reine „Hugenottenstadt", sondern stand – inklusive der wirtschaftlichen und rechtlichen Privilegien – auch anderen Neubürgern offen; ab 1711 durften sich sogar Katholiken niederlassen.
Die Neu-Erlanger richteten ihre Gewerbe ein und trugen – nach etlichen Anlaufschwierigkeiten – zum wirtschaftlichen Aufschwung des Landes bei. Manufakturen von Strumpfwirkern, Teppichwebern, Handschuh- und Hutmachern, deren Fachwissen überwiegend aus Frankreich stammte, prägten bis ins 19. Jh. die Neustadt, die allmählich mit der Altstadt zusammenwuchs.

Barocke Pracht und leere Kassen

Auf der Grundlage einer sich zusehends erholenden Wirtschaft schlossen sich nun auch die Markgrafschaften der Hohenzollern der Epoche des Absolutismus an. Auf ansbachischem wie auf kulmbach-bayreuthischem Gebiet – Markgraf Christian (reg. 1603–55) hatte den Herrschaftssitz von der Plassenburg nach Bayreuth verlegt – konnte man die Folgen dieses neuen Regierungsstils im Positiven wie im Negativen erfahren.

In Bayreuth begann dieses Kapitel mit Markgraf Christian Ernst, der zeit seiner langen Regierung (1655–1712) zwischen der Rolle als Kriegsheld und Friedensfürst schwankte. Die militärische Karriere hatte den jungen Fürsten von Anfang an gelockt; mit 19 Jahren wurde er Kreisobrist des fränkischen Reichskreises und damit ein wichtiger Partner von Kaiser Leopold I. bei den Kriegszügen des Reichs gegen Frankreich und die Osmanen. 1683 war er einer der Kommandanten der Entsatzarmee, welche die Türken vor Wien zurückschlug. Zeitweise agierte er als Reichsfeldmarschall und kämpfte im Spanischen Erbfolgekrieg ab 1701 auf Seiten Habsburgs. All dies riss tiefe Löcher in den

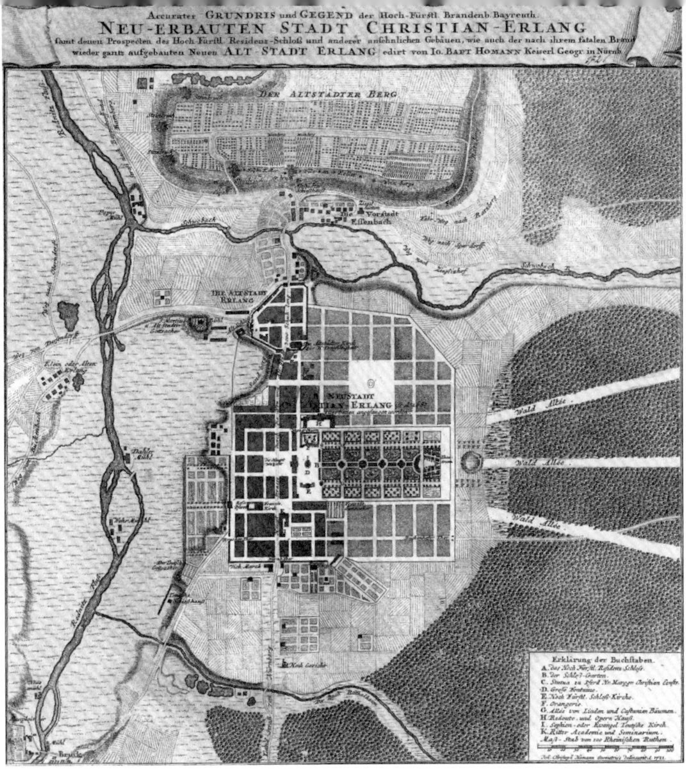

Für die hugenottischen Glaubensflüchtlinge wurde mit Christians-Erlang eine eigene neue Planstadt angelegt.

Staatsschatz, dennoch verzichtete der Markgraf nicht auf repräsentative Bauten wie das Schloss in seiner „Hugenottenstadt“ Erlangen. Dort gründete er 1699 auch eine Ritter-Akademie für Sprösslinge des Adels, aus der ab 1743 die Universität Erlangen hervorging. Christian Ernst war zudem der erste deutsche Fürst, der in seinem Land den systematischen Kartoffelanbau einführte.

Sein Sohn Georg Wilhelm (reg. 1712–26) setzte die Extravaganz des Hauses ungebrochen fort. Ihm verdankt Erlangen sein wunderschönes Markgrafen-Theater; auch die Eremitage bei Bayreuth entsprang seinem „Bauwurm“. Er wäre gerne Admiral geworden; in seinem Fürstentum musste er sich aber mit nachgespielten Seeschlachten auf einem aufgestauten Karpfenweiher zufriedengeben. Er hinterließ bei seinem Tod hohe

Schulden, aber keinen männlichen Erben, so dass die Markgrafschaft an eine Seitenlinie fiel. Der neue Markgraf Georg Friedrich Karl (reg. 1726–35) war mehr an der religiösen Erziehung seiner Untertanen interessiert und konnte mit einem rigorosen Sparkurs die Finanzen konsolidieren. Mit seinem Sohn Friedrich III. (reg. 1735–63) hielt dann endgültig der aufgeklärte Absolutismus in Bayreuth Einzug, bei dem das väterlich verordnete Wohl der Untertanen in den Vordergrund trat.

In der Markgrafschaft hatte dies allerdings auch eine mütterliche Seite: Markgräfin Wilhelmine (1709–58), eine Schwester Friedrichs II. des Großen, war die dominierende Persönlichkeit in der Ehe mit Friedrich III. Diese blieb aber ebenso ohne männlichen Erben wie eine zweite Ehe des Markgrafen. Nachfolger wurde so Friedrich Christian (reg. 1763–69) aus einer Nebenlinie, der bis dahin überwiegend in Neustadt a. d. Aisch gelebt hatte. Als auch dieser erbenlos starb, wurden die fränkischen Hohenzollern-Lande noch einmal vereint.

Der „wilde Markgraf"

Ansbach war den Bayreuther Vettern lange in nichts nachgestanden, was Baufreude, Extravaganz und Schuldenmachen betraf. Markgraf Georg Friedrich (reg. 1692–1703) plante auch für seine Residenz eine repräsentative Schlossanlage und holte dafür den Graubündner Baumeister Gabriel de Gabrieli an die Rezat. Bevor dieser den Umbau des alten Stadtschlosses umsetzen konnte, verstarb der Markgraf im Zuge des Spanischen Erbfolgekriegs. Ihm folgte sein Halbbruder Wilhelm Friedrich (reg. 1703–23), der noch intensiver vom „Bauwurm" befallen war. Neben dem Weiterbau des Schlosses begann er auch die Umwandlung Ansbachs in eine Barockstadt und ließ die Schlösser von Unterreichenbach und Unterschwaningen zu Jagdresidenzen und Sommersitzen ausbauen.

Den Höhepunkt eigenwilliger Landesherrschaft erlebte die Markgrafschaft unter seinem Sohn Karl Wilhelm Friedrich (reg. 1723/29–57), der als der „wilde Markgraf" in die Geschichte einging. Der junge Fürst zeigte dabei durchaus aufge-

Die Affären des „wilden Markgrafen"

Vergleichsweise sparsam verhielt sich Karl Wilhelm Friedrich bei seiner zeittypischen Mätressenwirtschaft: Er holte sich seine Geliebten aus dem einfachen Volk. Elisabeth Wünsch beispielsweise war die Tochter eines Falkners. Mit ihr schloss er sogar eine morganatische Ehe, was das ohnehin schlechte Verhältnis zu seiner Gattin nicht verbesserte. Die kultivierte Preußenprinzessin Friederike verachtete ihren grobschlächtigen, aggressiven und trinkfreudigen Ehemann. Nach der Geburt des Thronfolgers kam es zum endgültigen Bruch; Friederike zog sich auf Schloss Unterschwaningen zurück. Dort überlebte sie ihren Gatten um 26 Jahre, in zunehmender geistiger Verwirrung.
Elisabeth Wünsch nahm am Hof ihre Stelle ein und gebar dem Markgrafen vier Kinder, die gut versorgt wurden; die Söhne erhielten als Freiherren von Falkenhausen einen Adelstitel. Die Familie bewohnt bis heute das gleichnamige Barockschloss bei Gunzenhausen. Aber auch „die Madame" musste sich mit zahlreichen Affären des Markgrafen abfinden. Zum Skandal wurde die Beziehung zu der erst 15-jährigen Tochter des Hofmalers Zierl. Als sich Karl Wilhelm Friedrich mit einer Geschlechtskrankheit infizierte, wurde das Mädchen in Haft genommen und sogar gefoltert, um etwaige andere Liebhaber preiszugeben. Sie starb nach drei Jahren im Gefängnis.

klärte Züge: Er reformierte energisch Verwaltung und Justiz, förderte Schwabach, die wichtigste Industriestadt der Markgrafschaft, und kümmerte sich um eine fortschrittliche Land- und Forstwirtschaft.

Dass in der Staatskasse trotz sprudelnder Steuereinnahmen ein immer größeres Loch klaffte, war den teuren Steckenpferden des Markgrafen zu verdanken: An erster Stelle stand seine Leidenschaft für die Falkenjagd. Zwischen 1730 und 1747 gab er 500.000 Gulden für dieses Hobby aus. Das Land musste einen aufgeblasenen Hofstaat unterhalten, inklusive der Apanagen für die unehelichen Kinder des Fürsten. Dazu schlug sich der „wilde Markgraf" im Siebenjährigen Krieg auf die Seite der Gegner Friedrichs II. von Preußen, obwohl er mit dessen Schwester Friederike Luise verheiratet war. Der Schwager schickte ein Bataillon gegen Ansbach, wo die Preußen brandschatzten und plünderten und den Markgrafen zur Flucht zwangen. Als dieser kurz darauf in Gunzenhausen einem Schlaganfall erlag, hinterließ er seinem Sohn und Erben Karl Alexander einen Schuldenberg von 2,3 Mio. Talern. Der Leichenzug durch Ansbachs Straßen wurde von einer johlenden und fluchenden Menge begleitet.

Barock in Mittelfranken

Das Zeitalter von Barock und Rokoko hat nicht nur in den Markgrafschaften Spuren hinterlassen. Die Bischöfe von Eichstätt konnten zwar mit den prachtvollen Residenzen der Schönborns in Bamberg und Würzburg nicht konkurrieren. Sie verwandelten ihre Bischofsstadt aber dennoch in eine barocke Perle, die bis heute erhalten geblieben ist. Der prachtliebende Bischof Johann Anton Knebel von Katzenelnbogen (reg. 1705–25) konnte aus Ansbach Gabriel de Gabrieli als Hofarchitekt abwerben, der in Eichstätt ein städtebauliches Gesamtkunstwerk anstrebte. Der Bündner Baumeister starb hier 1747.

Ellingen, Sitz des Landkomturs der Deutschordens-Ballei Franken, wurde zwischen 1717 und 1721 zum eindrucksvollen Barockschloss umgestaltet. Den neuen Stil ließ der Orden auch in kleineren Verwaltungseinheiten umsetzen; Beispiele dafür sind Schloss Absberg oder das Deutschordenshaus in Dinkelsbühl.

In Schillingsfürst erweiterten die Fürsten von Hohenlohe die alte Burg zwischen 1705 und 1740 zu einer Dreiflügelanlage im französischen Stil, mit großem Ehrenhof für den stilgerechten Empfang der Gäste eines reichsfreien Herrschers. Der Landadel wollte da nicht nachstehen und brachte barocke Prachtentfaltung in seine Besitztümer – ein nicht zu unterschätzendes Konjunkturprogramm für den ländlichen Raum. Als besonders ausgabenfreudig erwies sich die in den Ansbacher Hofdienst eingebundene Familie Seckendorff. Sie modernisierte und vergrößerte in Sugenheim die großzügige Anlage des Neuen Schlosses und errichtete in Obernzenn mit dem Blauen und dem Roten Schloss gleich zwei repräsentative Barockbauten.

Dem Geldadel zuzurechnen war der Bankier Paul Martin von Eichler, der bei Unterschwaningen ab 1743 das Barockschloss Dennenlohe errichten ließ, dem ein späterer Besitzer einen Landschaftsgarten im englischen Stil hinzufügte. Dem adeligen Vorbild folgten auch Nürnberger Patrizierfamilien, wenn sie ihre Landsitze umgestalteten – so die Muffel in Eckenhaid oder die Holzschuher in Thalheim bei Happburg. Dietenhofen, Vestenbergsgreuth, Rammmersdorf bei Leutershausen, Schloss Neuhaus bei Adelsdorf ... Die Liste repräsentativer Barock- und Rokokobauten in Mitelfranken ließe sich beliebig lang fortsetzen.

Die Not der armen Leute

Dieser Luxus in Architektur und Lebensstil spielte sich allerdings vor dem Hintergrund weit verbreiteter Not ab. Dem steilen Anwachsen der Bevölkerung konnte weder das Angebot an Arbeitsplätzen noch an Nahrung folgen. Immer mehr Menschen landeten mittellos auf der Straße, Kinder wurden von ihren verzweifelten Eltern ausgesetzt. Die Regierungen suchten dem mit der Einrichtung von Arbeits- oder Waisenhäusern entgegenzuwirken, deren Insassen gegen Unterkunft, karge Nahrung und geringen Lohn verschiedenste vorindustrielle Massengüter herstellen mussten. Immerhin hatten sie ein Dach über dem Kopf und regelmäßig zu essen. Versuche, dem Kinderreichtum durch Einschränkungen der Heiratsfähigkeit entgegenzutreten, ließen sich nur beschränkt durchsetzen.

Von der Krise zur Katastrophe wurde die Lage in den Jahren 1770 bis 1772, als mehrere Missernten eine allgemeine Hungersnot hervorriefen. In weiten Teilen Frankens fiel die Getreide- und Hackfruchternte vollständig aus; der Wein verfaulte an den Stöcken. In ihrer Not verzehrten die Bauern das Saatgetreide für die nachfolgende Saison. Chronisten berichten von Menschen, die sich von Gras zu ernähren suchten. Die massive Teuerung brachte die Menschen um ihre letzten Ersparnisse und trieb sie in die Hände von Wucherern. Die staatlichen Behörden versuchten zu helfen, so gut sie konnten. Langfristig am wirkungsvollsten war die Errichtung von Kreditkassen, wie z. B. in Bayreuth. Im Laufe der 1770er Jahre besserte sich die Lage, und das war gut so, da auch Mittelfranken bewegte Zeiten bevorstanden.

Der letzte Markgraf

Karl Alexander, der Sohn aus der Krisen-Ehe zwischen dem „wilden Markgrafen" und der Preußenprinzessin, folgte seinem Vater 1757 in der Ansbacher Herrschaft. Als in Bayreuth Markgraf Friedrich Christian 1769 erbenlos starb, waren die fränkischen Hohenzollern-Lande wieder vereint. Mit dem neuen Herrscher hielt nun der aufgeklärte Absolutismus definitiv Einzug. Karl Alexander war ein großer Bewunderer seines Onkels Friedrich II.; wie dieser sah er sich als „erster Diener" seines Staates. Er besuchte ihn häufig und schickte alljährlich einen Bericht über Fortschritte und Rückschläge nach Potsdam. Die Förderung von Handel, Landwirtschaft und Schulwesen stand auf seiner Prioritätenliste weit oben, und religiöse Toleranz war ihm ein Herzensanliegen. So gestattete er ab 1775 in Ansbach und ab 1784 in Erlangen katholische Gottesdienste. Die dortige Universität erfuhr großzügige Förderung, auch durch die Vorschrift, dass jeder zukünftige Staatsdiener hier zu studieren habe. In Anerkennung seiner Leistungen nahm die nachmalige Friedrich-Alexander Universität seinen Namen in ihren Titel auf.

Auch Handwerk und frühe Industrie wurden unterstützt; ein besseres Straßennetz erleichterte die Kommunikation zwischen den Landesteilen. All dies kostete Geld, ganz abgesehen von dem horrenden Schuldenberg, den der Vater hinterlassen hatte. Zur Sanierung der Staatsfinanzen folgte Karl Alexander dem unerquicklichen Vorbild des Landgrafen von Hessen und anderer Fürsten und verkaufte Untertanen als Söldner an die britische Krone für deren Krieg gegen die rebellischen Kolonien in Nordamerika. Zu seiner Entlastung muss man ihm zugestehen, dass er die Erträge dieses Menschenhandels nicht in seine

1791 dankte Karl Alexander als Herrscher von Bayreuth und Ansbach zugunsten des preußischen Vetters ab.

Privatschatulle steckte, sondern damit Staatsschulden ablöste. Auch sorgte er dafür, dass Hinterbliebene der Soldaten und Kriegsinvalide Unterstützung erhielten.

Auch in seiner Partnersuche blickte Karl Alexander über nationale Grenzen hinaus. Er verweigerte sich dem dynastischen Heiratsmarkt und suchte sich Gefährtinnen, die seinen Interes-

Franken in Amerika

Am 1. Februar 1777 schloss ein Oberst William Faucitt im Namen König Georgs III. von Großbritannien und Irland einen „Liefervertrag" mit Markgraf Karl Alexander. Gegen 157.000 Pfund (das entsprach etwa 1,7 Mio. Gulden) wurden zwei Regimenter Infanterie und eine Kompagnie Jäger an die britische Armee abgetreten. Die 2353 Mann marschierten nach Ochsenfurt, von wo aus sie mit Flussschiffen nach Nimwegen zu Truppentransportern gebracht wurden, die sie mit rund 28.000 anderen deutschen Söldnern nach Amerika brachten. Die wurden dort verallgemeinert als „Hessen" bezeichnet oder auch beschimpft, wenn es zu Übergriffen auf die Zivilbevölkerung kam.
Trotz ihrer guten militärischen Bilanz konnten die Deutschen die Niederlage der Briten nicht verhindern, die im Oktober 1781 in Yorktown besiegelt wurde. Rund 400 der fränkischen Soldaten und Offiziere waren gefallen; 700 weitere entschlossen sich, nach dem Friedensschluss von 1783 in Amerika zu bleiben. Ungefähr 1200 kehrten nach Ansbach und Bayreuth zurück und brachten – neben vielen Geschichten und Erfahrungen – auch die ersten Blitzableiter nach Deutschland, wie sie von Benjamin Franklin erfunden worden waren.

sen entsprachen. Die erste war die 13 Jahre ältere französische Schauspielerin Hippolyte Clairon, die ab 1770 französischen Stil und französisches Theater nach Ansbach brachte und als guter Geist des Markgrafen wirkte, ohne sich groß in die Landespolitik einzumischen. 1787 musste die bei der Bevölkerung populäre Clairon allerdings erleben, wie sie von einer jüngeren Rivalin, der englischen Lady Elisa Craven, aus dem Herzen und von der Seite des Markgrafen verdrängt wurde.

Auch die Craven liebte es, Theater zu spielen, konnte es aber nicht lassen, sich in Staatsangelegenheiten einzumischen. Besonders verübelte man ihr, dass sie den wachsenden Pessimismus Karl Alexanders über die Zukunft des Reiches förderte und ihn zur Abdankung drängte. Der kinderlose Markgraf wusste, dass seine Länder nach seinem Tod dem alten Hausgesetz gemäß (s. S. 60) ohnehin an den Vetter in Preußen fallen würden. So schloss er im Januar 1791 einen Geheimvertrag mit

Berlin, demzufolge er – gegen eine großzügige Apanage – noch zu Lebzeiten seine Länder übergeben werde.

Am 19. Mai verließ der letzte Markgraf mit seiner Geliebten Ansbach für immer. Sie heirateten und ließen sich in der Nähe von London nieder. Auf der Reise hatte Karl Alexander mit Wirkung vom 2. Dezember die Abdankung unterzeichnet. Am 3. Dezember 1791 wachten seine bisherigen Landeskinder als Untertanen Preußens auf.

Preußisch-Franken

In Berlin hatte man sich auf diese Übergabe in Ruhe vorbereiten können. Der versierte Staatsmann und Reformer Karl August Freiherr von Hardenberg (1750–1822) wurde 1790 nach Ansbach-Bayreuth geschickt, um, mit weitreichenden Vollmachten versehen, die Eingliederung der Markgrafschaften vorzubereiten.

Er muss sich in Ansbach in ein anderes Jahrhundert zurückgeworfen gefühlt haben. Am meisten irritierten ihn die komplexen Rechtsverhältnisse. An vielen Orten überschnitten sich die Herrschaftsansprüche; neben dem Markgrafen hatten auch Bischöfe, Reichsstädte und Reichsritter Mitspracherechte. Sie alle wurden nun das Ziel der staatsrechtlichen „Flurbereinigung" Hardenbergs. 235 unabhängige Rittergüter wurden als Rechtseinheiten aufgelöst und in das Staatsgebiet integriert. Dasselbe Schicksal ereilte reichstädtische und fürstbischöfliche Enklaven in ansbachischem Gebiet, wie Lichtenau oder Herrieden. Das war ein klarer Bruch der Reichsverfassung, was Hardenberg aber ebenso ignorierte wie Proteste der Landbevölkerung. 1795 war die fränkische Reichsritterschaft praktisch Vergangenheit; schon zuvor waren die Reichsstädte Windsheim und Weißenburg dem Hohenzollernstaat beigetreten. Selbst Nürnberg wäre bereit gewesen, sich in den Verlust seiner Unabhängigkeit zu fügen; bei einem Referendum votierten 53 % der Stimmberechtigten für die Übergabe an Preußen. Hardenberg hatte am 2. September 1796 auch schon ein entsprechendes Abkommen unterzeichnet, und preußische Truppen zogen in Nürnberg ein. Dann pfiff König Friedrich Wilhelm II. seinen Minister aber zurück, da er politischen Widerstand der anderen Großmächte befürchtete. Angesichts der horrenden Schulden der Reichsstadt hielt sich Hardenbergs Enttäuschung in Grenzen.

Zur Verwaltung des bereinigten Staatsgebiets holte Hardenberg preußische Beamte ins Land; ab dem 1. Januar 1796 galt auch in Ansbach und Bayreuth das Allgemeine Preußische Landrecht. Das Territorium beider Markgrafschaften wurde in jeweils sechs Kreise eingeteilt, die eine bestimmte Zahl von Soldaten zu rekrutieren hatten. Auch die Steuersätze wurden auf preußisches Niveau angehoben. Im Gegenzug erhielten die Städte weitgehende Selbstverwaltung. Eine solche wurde dagegen der evangelischen Landeskirche nicht zugestanden. Hardenberg selbst wählte die Pfarrer aus und erwartete von ihnen, dass sie von der Kanzel staatliche Verordnungen verkündeten. Dies rief ebenso Unmut hervor wie die Abschaffung zahlreicher kirchlicher Feiertage.

Die wachsenden Beschwerden über Hardenberg fanden in Berlin zunehmend offene Ohren, da man dort über dessen Eigenmächtigkeiten wenig erbaut war. 1798 wurde er zurückgerufen; die Verwaltung der Länder wurde einem „Fränkischen Provinzial-Departement“ übertragen. Dies blieb im Zuge der folgenden Umwälzungen ebenso Episode wie Preußens Herrschaft über Teile von Franken. Die Ansbacher und Bayreuther hatten aber einen Vorgeschmack von dem bekommen, was Franken von einem neuen Herrn zu erwarten hatte.

Wellenschläge der Revolution

All dies spielte sich vor dem Hintergrund der Französischen Revolution und ihrer Folgen ab. Die Forderungen des Dritten Standes in Paris fanden auch in Franken Widerhall; besonders empfänglich war man in der Freien Reichsstadt Nürnberg, deren „Ancien Régime“ in seine eigene finale Krise getreten war. Der Niedergang war unter anderem dem Schuldenberg zuzuschreiben, den der Dreißigjährige Krieg hinterlassen hatte und den die vielen Reichskriege immer weitertrugen. Nürnberg war der größte Beitragszahler des Fränkischen Reichskreises, doch was zur Blütezeit der Reichsstadt noch gerechtfertigt sein mochte, entsprach nicht mehr den Realitäten. Einer Neuverteilung widersetzten sich aber hartnäckig die anderen Mitglieder des Reichskreises.

Daneben stieß das auf Export ausgerichtete Nürnberger Handwerksgewerbe auf neue Widerstände. Während in der Reichsstadt die alte Zunftordnung rigoros durchgesetzt wurde, erlaubten die Fürsten in ihren Landstädten die freie Entfaltung vorindustrieller Fertigung und den Aufbau von Manufakturen. Gleichzeitig schotteten sie ihren heimischen Markt gegen Importe ab. Der Niedergang ihres Gewerbes riss weitere Löcher in die Kassen der Stadt; 1785 konnte Nürnberg die Zinsen der Staatsanleihen nicht mehr bedienen. Um den drohenden Staatsbankrott abzuwenden, verfügte der Rat eigenmächtig die Erhebung einer Sondersteuer, was zum Protest der Bürgerschaft und zu einer Beschwerde an den Reichshofrat in Wien führte. Der schlug sich zwar auf die Seite des Rates; die öffentliche Diskussion um den Zustand der Stadtkasse führte allerdings dazu, dass viele Gläubiger ihre Gelder abzogen, was die Finanzkrise weiter verschärfte.

Umsturz in Nürnberg

In diese angespannte Situation platzten 1789 die Nachrichten aus Frankreich. Die Forderungen nach „Freiheit, Gleichheit und Brüderlichkeit“ sowie einer Beteiligung aller Stände an der Regierung fanden in Nürnberg offene Ohren. Während das Großbürgertum verbal die neuen Ideale begrüßte, radikalisierte sich die Handwerkerschaft; Nürnberg erlebte mehr Streiks und Gesellenunruhen als jede andere Stadt in Deutschland. 1794 musste der Rat dem wachsenden Druck nachgeben und schloss mit den Vertretern der Bürgerschaft einen „Grundvertrag“, der der jahrhundertealten Alleinherrschaft des Patriziats ein Ende setzte. Das Großbürgertum war dann auch bereit, im Folgejahr einen weiteren Aufruhr der Handwerker und Gesellen mit Gewalt niederzuschlagen.

Der Stadtstaat war da schon unübersehbar in Auflösung begriffen. 1791 hatte Bayern-Kurpfalz große Teile des Nürnberger Territoriums besetzt; Proteste dagegen blieben ebenso erfolglos wie gegen die preußische Besetzung weiterer Landgebiete 1796. Im selben Jahr besetzten französische Revolutionstruppen bei ihrem Vormarsch durch Süddeutschland Nürnberg. Es kam zu Plünderungen und Übergriffen, und der strapazierten Stadtkasse wurden schwere Kontributionen auferlegt, was die Begeisterung der Nürnberger für die Revolution erheblich abkühlte. Vor diesem Hintergrund kam es zu der gescheiterten Selbstaufgabe Nürnbergs an Preußen.

Dass die Tage reichsstädtischer Selbstständigkeit gezählt waren, war dennoch abzusehen. Beim nächsten Mal würden die Bürger Nürnbergs aber nicht mehr abstimmen können, wohin sie gehören möchten.

Bayern wider Willen

Die Truppen unter der Trikolore standen inzwischen unter dem einheitlichen und zielgerichteten Kommando des Napoleon Bonaparte. Auf seinem Weg zur Herrschaft über Europa musste ihm das alte Reich als anachronistisches Hindernis erscheinen, das einer neuen Ordnung zu weichen hatte. Die Gebiete links des Rheins waren bereits zum Teil Frankreichs erklärt worden, für den Rest strebte Napoleon einen Riegel mittelgroßer Vasallenstaaten an, die ihm bei Konflikten mit dem österreichischen Erzfeind zur Seite stehen würden. Zum Zuckerbrot, das er, neben Kronen und Titel, anzubieten hatte, gehörte die Entschädigung für linksrheinische Besitzungen durch den „Reichsdeputationshauptschluss" von 1803, mit dem die geistlichen Fürstentümer und eine Vielzahl kleiner Herrschaften aufgelöst und größeren Territorien zugeschlagen wurden. Eichstätt gelangte so ebenso zu Bayern wie die Reichsstadt Rothenburg. Das Kurfürstentum der Wittelsbacher gehörte ohnehin zu den großen Nutznießern; ab dem 1. Januar 1806 durfte sich Kurfürst Max I. Joseph König von Bayern nennen.

Kriminelle Zeiten

Wirtschaftskrise, wiederkehrende Not- und Hungerjahren und die Schwächung staatlicher Autorität bildeten einen idealen Nährboden für kriminelle Banden. Berühmt wurden der „Schinderhannes" Johannes Bückler (1779–1803) und seine Komplizen, die den Hunsrück heimsuchten. In Franken ging die „Große Fränkische Diebes- und Räuberbande", auch „Meuselbande" oder „Fürther Diebes- und Räuberbande" genannt, in die Gerichtsakten ein. Sie war keine große, straff organisierte Räubertruppe, sondern ein Netzwerk kleiner Gaunerverbände, die weitgehend unabhängig voneinander agierten. Der Kern bestand aus fränkischen Kriminellen und Entwurzelten; es stießen aber auch zahlreiche Oberpfälzer hinzu, wie Johannes Troglauer, der später Anführer einer eigenen Bande wurde, oder Ausländer wie Franzosen und Polen, welche die Zeitläufte ins Fränkische verschlagen hatten. Die Banden unterhielten eigene Druckereien, in denen falsche Pässe und andere Dokumente hergestellt wurden. Ab etwa 1790 machten sie Franken und die Oberpfalz unsicher, griffen aber auch ins Schwäbische und bis nach Thüringen aus. Viele Aktionen fielen nach heutigem Verständnis unter Kleinkriminalität, sie trugen aber zu einer wachsenden Verunsicherung der Bevölkerung im ländlichen Raum bei. Es gab jedoch auch spektakuläre Aktionen wie die Plünderung der Residenz des Bamberger Weihbischofs 1797 mit einer Beute von 12.000 Gulden. Man schätzt, dass die einzelnen Banden insgesamt etwa 180 Männer, Frauen und Jugendliche umfassten.

1798 konnte in Dachsbach bei Neustadt a. d. Aisch ein Mitglied der Bande gefasst werden. Aus Angst vor der Folter übergab er eine Liste der Mittäter; rund 100 davon wurden festgesetzt und zu Zuchthausstrafen verurteilt, die Frauen freigelassen. Troglauer, der zunächst entkommen war, wurde 1801 wegen eines Mordversuchs in Amberg gehenkt.

Im selben Jahr schloss Bayern mit anderen pro-napoleonischen Fürstentümern den „Rheinbund", woraufhin Franz II. am 12. August die alte Kaiserkrone niederlegte – das Heilige Römische Reich deutscher Nation war Vergangenheit. Nürnberg war damit ein souveräner Staat geworden – für ganze fünf Wochen: Am 15. September übergab der französische Bevollmächtigte es dem bayerischen Generalkommissär für Franken, Graf Thürheim. Unter Glockengeläut und Kanonendonner zogen bayerische Truppen in die Stadt ein. Die Frau des Nürnberger Handelsvorstandes Merkel schloss aber ihre Kinder in die Arme und rief unter Tränen aus: „Jetzt seid ihr Fürstenknechte!“

Ähnliche Reaktionen erlebte Thürheim in allen Gebieten Mittelfrankens, die ebenfalls bayerisch geworden waren – die Markgrafschaft Ansbach ebenso wie die Territorien des Deutschen Ordens. Die Reichsstädte und Reichsritterschaften, die sich eben erst als preußische Untertanen eingerichtet hatten, fanden sich nun gleichermaßen im bayerischen Rezatkreis wieder, der 1837 in Mittelfranken umbenannt wurde.

Unterm Bayernlöwen

Seit 1806 waren die meisten mittelfränkischen Territorien erstmals unter einer gemeinsamen Herrschaft vereint. Als Bayern 1810 auch die Markgrafschaft Bayreuth erwarb, wurden deren Gebiete um Erlangen und Neustadt a. d. Aisch Teil des Rezatkreises. Einige ansbachische Territorien westlich von Rothenburg mussten an Württemberg abgegeben werden. Im Großen und Ganzen hatte Bayern 1811 seinen heutigen Umfang erreicht, wie er dann 1814/15 auf dem Wiener Kongress bestätigt wurde. (Die bedeutendsten Veränderungen danach wurden der Beitritt Coburgs 1920 und der Verlust der Pfalz 1945.)

Die Begeisterung der Bevölkerung über die neue Staatszugehörigkeit hielt sich in Grenzen. Dieser Herrschaftswechsel bedeutete den jähen Übergang in eine neue Zeit – die letztlich mittelalterlichen Strukturen und Staatsprinzipien wurden durch neue ersetzt, die auf den Vorgaben der Aufklärung und der Französischen Revolution beruhten.

Bald nach seiner Thronbesteigung 1799 gab der neue bayerische Kurfürst Max I. Joseph († 1825) seinem Staatsminister Montgelas freie Hand, seine Modernisierungspläne für das dann zum Königreich erhobene Bayern umzusetzen; Montgelas hatte diese 1796 in einem in Ansbach verfassten Memorandum zusammengefasst. Die neu erworbenen Territorien boten dabei den idealen Raum für radikale Neugestaltung. Die für die fromme Bevölkerung radikalste hatte Montgelas allerdings bereits zuvor begonnen: die „Säkularisation", d. h. die Übernahme des Kirchenbesitzes und der Klöster in weltliche Hände. In Bayern war dieser Schritt schon vollzogen, als Montgelas seine Kommissare 1802 in eichstättisches Gebiet entsandte. Auch hier wurden nun Klöster geschlossen und aufgelöst, ihre Einkünfte der bayerischen Staatskasse gutgeschrieben. Kirchenschätze und altehrwürdige Bibliotheken wurden verschleudert, Kunstwerke verramscht oder in die Münchner Sammlungen verbracht – für Zeitgenossen ein großer Raubzug. Gleichzeitig wurden die meisten kirchlichen Feiertage

Als Erster Minister des bayerischen Kurfürsten entwarf Maximilian Graf Montgelas 1796 in Ansbach sein Konzept für die radikale Modernisierung Bayerns.

abgeschafft und Traditionen der Volksfrömmigkeit, wie Wallfahrten, Kirchweihfeste, Krippenspiele oder Feldumgänge, unterbunden.

Besonders einschneidend wirkte sich dies in Ober- und Unterfranken mit ihren großen geistlichen Territorien aus, aber auch mittelfränkische Katholiken waren betroffen, neben einst eichstättischen Untertanen auch jene des Deutschen Ordens oder solche in bambergischen Exklaven wie Herzogenaurach. Die Ordensresidenz Ellingen hatte dabei das Glück, dass Max I. Joseph sie seinem Feldmarschall Carl Philipp von Wrede (1767–1838) schenkte. So blieb sie mit ihrer barocken Ausstattung erhalten.

Die protestantischen Gebiete Mittelfrankens, die sich ohnehin hart damit taten, ihren Eid auf einen katholischen Herrscher zu leisten, waren dabei vor dem Zugriff der Säkularisierungskommissare keineswegs gefeit. Hier griffen die „Räuber aus München“ auf das Kapital und die Ausstattung der Stiftungen zu, mit denen v. a. die Reichsstädte ihre sozialen Dienste finanziert hatten. Auch hier galt: Geld in die Staatskasse, wertvolle Kunst nach München, der Rest zu Schleuderpreisen auf den Markt … Organisatorisch wurden die evangelischen und reformierten Gemeinden im Königreich zu einer Landeskirche zusammengefasst, deren „oberster Bischof“ *(summus episcopus)* bis 1918 der jeweils regierende katholische König war.

Die Umsetzung der neuen Verwaltungsstrukturen wurde zum Großteil lokalen Beamten anvertraut, die in den bayerischen Staatsdienst übernommen wurden. Dabei suchten viele ihre neue Loyalität durch besonderen Eifer bei der Umsetzung der Anweisungen aus München zu beweisen. Ein Beispiel dafür war der Ansbacher Jurist Christian Wurm (1771–1835), der 1806 zum Polizeidirektor von Nürnberg ernannt wurde. Da das alte Stadtregiment aufgelöst war und die Patrizierfamilien ihre Zusammenarbeit mit den „Besatzern“ verweigerten, regierte Wurm mit nahezu diktatorischen Vollmachten. Um die horrenden Schulden der Stadt etwas auszugleichen, ließ er bedeutende Kunstwerke nach München schaffen und städtisches Eigentum, wie die noch bestehenden Klostergebäude, verkaufen. 1809 kam es in Nürnberg zu antibayerischen Unruhen, bei denen Wurm in Haft genommen und der Militärgouverneur von Thürheim körperlich misshandelt wurde. Diese rasch unterdrückte Rebellion war der Hauptgrund, warum Ansbach und nicht Nürnberg zum Regierungssitz bestimmt wurde.

Für Napoleon sterben?

Die Revolte hatte sich auch gegen die französische Oberherrschaft gewandt, der das Königreich Bayern seit 1806 unterworfen war. Bayern war zur Stellung von 30.000 Soldaten verpflichtet, die u.a. bei Jena und Auerstedt gegen Preußen kämpften, und seine Gemeinden mussten belastende Kontributionen zur Finanzierung der Militärdiktatur leisten. Immer wieder kam es auch zu Akten von Zensur und willkürlicher Unterdrückung.

Aufgrund der bayerischen Verpflichtungen musste das Königreich 1812 auch 35.000 Landeskinder sowie über 5000 Pferde für die Grande Armée von über 600.000 Mann stellen, mit der Napoleon das Zarenreich in die Knie zwingen wollte.

Märtyrer der freien Rede – Johann Philipp Palm

Die despotische Seite der „Franzosenzeit", als auch Franken Teil des napoleonischen Imperiums war, musste der Buchhändler und Verleger Johann Philipp Palm (1766–1806) erfahren. Der Arztsohn aus Schorndorf in Württemberg hatte bei seinem Onkel in Erlangen Buchhändler gelernt und seine erste Gehilfenstelle in der alteingesessenen Steinschen Buchhandlung in Nürnberg gefunden. 1796 wurde er durch Heirat mit der Firmenerbin Besitzer des Unternehmens. In seinem Verlag erschien 1806 die Kampfschrift „Deutschland in seiner tiefsten Erniedrigung", in der zum Widerstand gegen die Franzosen und ihre deutschen Verbündeten wie Bayern aufgerufen wurde. Auf eine Anzeige französischer Offiziere hin wurden Haus und Geschäft Palms in Nürnberg durchsucht; er selbst konnte sich ins damals noch preußische und damit sichere Erlangen retten. Bei einem heimlichen Besuch in Nürnberg wurde er jedoch denunziert und verhaftet. In Braunau wurde er von einem Militärgericht mit Berufung auf ein Dekret Napoleons zum Tode verurteilt und am 26. August erschossen. Sein Tod schlug hohe Wellen und vertiefte die antifranzösische Stimmung.

Zu den möglichen Verfassern der Kampfschrift, deren Anonymität von Palm bis zuletzt gewahrt wurde, zählt Julius Conrad Ritter von Yelin (1771–1826). 1806 arbeitete der studierte Mathematiker und Anglist als preußischer Kammerassessor in Ansbach. Später machte er als bayerischer Oberfinanzrat Karriere, fand aber auch für seine mathematisch-physikalischen Forschungen europaweit Anerkennung.

Schon beim mühseligen Vormarsch lichteten sich die Reihen auch der bayerischen Regimenter durch Krankheit, Hunger und Desertion. Dennoch schlugen sie sich beim ersten Gefecht mit den Russen bei Polozk erfolgreich, nur um zu erleben, dass ein Fieber das Sumpfland zum „Grab der Bayern" machte. Die Überlebenden erreichten im September Moskau, das von den Russen in Brand gesteckt wurde, um dem Feind die Winterquartiere zu nehmen. Es folgte der mörderische Rückmarsch durch den russischen Winter. Nur 40.000 Soldaten erreichten die Grenze, darunter rund 3000 Bayern – „ein Haufen von Skeletten, mit den seltsamsten Fetzen bekleidet, schwarz von

Schmutz und mit erfrorenen Händen und Füßen." Tatsächlich zurück in die Heimat schafften es 2297 bayerische Soldaten; dazu kamen im Folgejahr noch 890 Kriegsgefangene, die von Russland freigelassen wurden, als sich Bayern der Koalition gegen Napoleon angeschlossen hatte. Vom Krieg hatten die Untertanen Max I. Josephs jedenfalls genug.

Ein „Marshall-Plan" für Mittelfranken

Eine erste Entspannung im Verhältnis Nürnbergs zur ungeliebten Bayernherrschaft lässt sich datieren: Im Sommer 1819 beschloss das Königreich, sämtliche Schulden und ausstehenden Zinszahlungen der ehem. Reichsstadt zu übernehmen. Es handelte sich dabei um die gewaltige Summe von 9.923.850 Gulden Schulden; dazu kamen 2.292.529 Gulden unbezahlter Zinsen auf Schuldscheine. Über Generationen hatten Nürnberger Bürger ihr Geld so vermeintlich gut angelegt, nur um zu erleben, dass seit der Übernahme der Stadt durch Bayern nicht nur die Zinszahlungen ausblieben; in der Ständeversammlung wurde sogar darüber diskutiert, einen Großteil dieser Schulden kurzerhand abzuschreiben. Die Folgen eines solchen Schnitts für eine ohnehin stagnierende Wirtschaftsregion ließen die Volksvertreter sich dann doch eines Besseren besinnen, und so konnten die Nürnberger am 27. Juli 1819 mit großem Pomp die Gesandten aus München begrüßen, welche die frohe Kunde überbrachten. Die massive Investition aus der bayerischen Staatskasse zahlte sich umgehend aus: Die frei gewordenen Mittel wurden in die beginnende Industrialisierung investiert, und davon profitierten große Teile Mittelfrankens. Der ehem. Bundesbauminister Oscar Schneider (* 1924 in Altenheideck) nannte den Landtagsbeschluss von 1819 nicht unberechtigt einen „Marshall-Plan" für seine Heimatregion.

Überhaupt war es nicht so, dass Bayernherrschaft und Reformpolitik keine Fortschritte gebracht hätten, die von den fränkischen Untertanen auch geschätzt wurden. Das galt nicht zuletzt für das Bildungswesen, das modernisiert und vereinheitlicht wurde. Die Universität Erlangen wurde zur Landesuniversität erhoben, zur einzigen mit einer lutherisch-theologischen Fakultät. Erlangen wurde so zum intellektuellen Brennpunkt für das protestantische Bayern. Leidtragende war die reichsstädtisch-nürnbergische Universität zu Altdorf, die 1809 aufgelöst wurde.

Die Entdeckung des romantischen Franken

Während Frankens politische Rolle auf die eines Komparsen der Weltgeschichte reduziert wurde, trat es auf der kulturellen Bühne in das Rampenlicht einer neuen Epoche, der Romantik.

In der damals preußischen Erlanger Universität hatten sich im Sommersemester 1793 zwei Studenten aus Berlin, Wilhelm Heinrich Wackenroder (1773–98) und Ludwig Tieck (1773–1853), eingeschrieben. In ihrer Freizeit erkundeten sie das Umfeld ihrer Alma Mater und waren begeistert von dem, was sie auf ihren Wanderungen sahen – vom fränkischen Barock Bayreuths über die malerischen Jura-Täler bis zur katholischen Prachtentfaltung Bambergs. Besonders fasziniert waren die beiden von Nürnberg, wo sie „lebendiges Mittelalter" zu erfahren glaubten: „Die Stadt selbst kann ich nicht genug mit Verwunderung ansehen, weil man kein einziges neues Gebäude findet, so wird man ganz ins Altertum versetzt und erwartet immer einem Ritter oder einem Mönch oder einem Bürger in alter Tracht zu begegnen." Im Auftrag ihres Berliner Germanistikprofessors besuchten die beiden Studenten Nürnberger Sammler und Heimatforscher, die sie mit Geschichte und Kunst der alten Reichsstadt vertraut machten. Das unveränderte Stadtbild, das als Ausdruck von Stagnation und Rückständigkeit angesehen wurde, erkannten die beiden nun als überwältigendes Zeugnis deutscher Kultur.

1796 veröffentlichten sie ihre Eindrücke in den „Herzensergießungen eines kunstliebenden Klosterbruders". Das Buch wurde zum Beststeller und gilt allgemein aus Auslöser der romantischen Rückbesinnung auf die deutsche Vergangenheit – auch bewusst in Abgrenzung zur Rationalität der Revolutionsepoche und der französischen Bevormundung.

Ein Museum der deutschen Nation

Die romantische Bewegung wurde im angehenden 19. Jh. zum „Mainstream" der deutschen Geistesgeschichte, v. a. seit sie sich mit der nationalen Aufbruchsstimmung als Gegenreaktion zur „Franzosenzeit" verband. Die Hoffnungen, dem alten Feind im Westen eine geeinte deutsche Nation entgegenzustellen, wurden freilich bitter enttäuscht. Der Deutsche Bund, der 1815 vom Wiener Kongress abgesegnet wurde, war nicht mehr als ein Bündnis souveräner Kleinstaaten – darunter Bayern –, die eifersüchtig ihre Eigenständigkeit behaupteten. Die Träume mussten sich so der Vergangenheit zuwenden, in einem idealisierten Bild deutscher Macht und deutscher Kulturblüte zwischen Mittelalter und Neuzeit. Zumindest auf der kulturellen Ebene sollte die Nation als Einheit erscheinen. Auf der Generalversammlung der deutschen Geschichte- und Altertumsvereine wurde daher am 17. August 1852 beschlossen, ein Nationalmuseum mit Zeugnissen aus allen Epochen der germanisch-deutschen Vergangenheit zu errichten.
Dass als Standort Nürnberg ausgewählt wurde, war v. a. einem Mann zu verdanken: Hans von Aufseß (1801–72). Der Spross einer hochgeachteten und wohlhabenden Reichsritterfamilie hatte sein Leben und einen Gutteil seines Vermögens der Sammlung deutscher Altertümer und Kunstwerke gewidmet. Über 30 Jahre hinweg hatte er 12.000 Geschichtswerke, 8000 Publikationen zu Kunst und Kultur, fast 9000 Siegel und Siegelstöcke, 1590 Holzschnitte und Kupferstiche sowie 1170 Plastiken und Skulpturen zusammengetragen – eine hervorragende Grundlage für eine Dauerausstellung. Mit dem aufgelassenen Kartäuserkloster in Nürnberg fand das Museum 1857 seine Heimat. Mit 1,3 Mio. Objekten, von denen rund 25.000 ausgestellt sind, ist es bis heute die größte Sammlung deutscher Kunst und Kulturzeugnisse geblieben.

Immer mehr romantisch Gesinnte besuchten Frankens Städte und durchwanderten das „Muggendorfer Gebürg“, 1812 erstmals als „Fränkischen Schweiz“ erwähnt. Wesentlichen Auftrieb gewann die Bewahrung und Bewunderung von Altertümern durch allerhöchste Rückendeckung: König Ludwig I. hatte in einem Erlass von 1827 den Denkmalschutz sozusagen zum Staatsziel erhoben. In Dinkelsbühl wurde so der Abbruch der Stadtmauern gerade noch gestoppt.

Nürnberg blieb der Hauptanziehungspunkt für die romantische Suche nach vergangener Größe, und die neue Popularität seiner Altstadt schob auch hier allen Überlegungen einen Riegel vor, die Stadtumwallung abzureißen. Höhepunkt der romantischen Verklärung wurde schließlich Richard Wagners Oper „Die Meistersinger von Nürnberg“ (1868), gefördert vom nächsten Romantiker auf dem Wittelsbacher Thron, Ludwig II.

Die Suche nach der romantisch verklärten Mittelalterwelt rückte im Laufe des 19. Jhs. auch andere Städte Mittelfrankens mit intakten Stadtbildern in den Fokus eines aufkommenden Kulturtourismus. Rothenburg o. d. Tauber wurde das Ziel vieler Maler; seine verwinkelten Gassen und historischen Ensembles finden sich in Gemälden von Carl Spitzweg oder Hans Thoma wieder. Auch Dinkelsbühl mit seiner umwallten Altstadt wurde ein romantischer Sehnsuchtsort; kleinere Städte wie Feuchtwangen, (Wolframs-)Eschenbach, Altdorf, Lauf oder Spalt profitierten ebenfalls von der Suche nach „altfränkischem“ Ambiente – ein Adjektiv, dessen negativ-kritischer Unterton zu einem Kompliment wurde.

Enttäuschte Hoffnungen

Einen weiteren Schritt zur Integration seiner neuen Untertanen hoffte Max I. Joseph 1818 zu vollziehen, als er, der erste König des Deutschen Bundes, eine schriftliche Verfassung erließ. Sie etablierte eine Ständeversammlung, ab 1848 Landtag genannt, deren zweite Kammer nach einem Klassenwahlrecht vom steuerzahlenden Teil der männlichen Bevölkerung bestimmt wurde. Von einem umfassend demokratischen System konnte noch keine Rede sein, doch es waren immerhin die wesentlichen Grundrechte festgeschrieben. Ebenso wichtig für ein entspannteres Verhältnis zu den neuen Bayern war die Gemeindeverfassung von 1818, die den Kommunen eine weitgehende Selbstverwaltung zugestand. Der Jurist und Ansbacher Gerichtspräsident Anselm von Feuerbach (1775–1833) kommentierte: „Erst mit der Verfassung hat sich unser König Ansbach, Bayreuth, Würzburg und Bamberg und alle anderen fränkischen Lande erobert.“

Der Rätselhafte – Kaspar Hauser

Am 26. Mai 1826 wurde ein Spaziergänger auf dem Nürnberger Unschlittplatz von einem offensichtlich verwirrten jungen Burschen angesprochen, der nur rudimentäres Bairisch sprach und einen Brief in der Hand hielt, der an den Befehlshaber des in Nürnberg stationierten Chevauxleger-Regiments adressiert war. In mangelhaftem Deutsch geschrieben, drückte er den Wunsch aus, Kavalleriesoldat zu werden, „wie es mein Vater war". Die Nürnberger Behörden steckten den „Vagabunden", der sich Kaspar Hauser nannte, ins Gefängnis und versuchten, sein Vorleben zu ergründen. Das habe er, so Hauser, die meiste Zeit in einer dunklen, engen Zelle verbracht, ohne wirklichen Kontakt zu anderen Menschen. Der „halbwilde Naturbursche" lockte umgehend Neugierige nach Nürnberg, erweckte aber auch das Interesse von Pädagogen und Philosophen. Er wurde dem Gymnasialprofessor Georg Friedrich Daumer zur Erziehung und Ausbildung übergeben. In dessen Haus geschah ein mysteriöses Attentat auf den Findling, das die Gerüchte anheizte, er könnte der abgeschobene Sprössling eines Adelshauses sein; die Dynastie des Großherzogtums Baden rückte dabei an die Spitze der Verdächtigen.

Kaspar Hausers erstes Auftreten in Nürnberg in einer zeitgenössischen Darstellung.

Zu den Interessierten gehörte auch der englische Edelmann Philipp Henry Earl Stanhope. Er ließ sich die Vormundschaft Hausers übertragen und brachte den rätselhaften jungen Mann nach Ansbach, wo der Gerichtspräsident Anselm von Feuerbach dessen Fürsorge übernahm. Nachdem auch Stanhope nicht tiefer in das Geheimnis des Findlings vordringen konnte, wuchsen seine Zweifel an dessen Lebensgeschichte.

Am 14. Dezember 1833 wurde Hauser im Ansbacher Schlossgarten mit einer tiefen Stichwunde aufgefunden. Er berichtete von einem weiteren Angriff, der von einer hinterlassenen, aber letztlich unverständlichen Nachricht offensichtlich bestätigt wurde. Drei Tage später starb er an der schweren Verletzung; die Autopsie konnte nicht eindeutig klären, ob von fremder oder eigener Hand zugefügt. Hausers Grabstein reflektiert die Ratlosigkeit bis heute: „Hier liegt Kaspar Hauser, Rätsel seiner Zeit, unbekannt die Herkunft, geheimnisvoll der Tod."

Gentechnische Untersuchungen der jüngeren Zeit konnten eine Verwandtschaft mit dem badischen Herrscherhaus weder belegen noch völlig ausschließen. Dennoch geht die Mehrheit der Forschung heute davon aus, dass Hausers Rückständigkeit wohl genuin war. Seine Geschichte hat er dann zum Großteil aber erfunden, nachdem er das Interesse der Öffentlichkeit erlebte. Sein Tod dürfte wohl ein fatal verlaufener Versuch gewesen sein, wachsende Zweifel zu beseitigen.

Hinzu kam eine „Charmeoffensive“ der Wittelsbacher: Kronprinz Ludwig schlug seine Residenz in Aschaffenburg und Würzburg auf, um den neuen Untertanen nahe zu sein, und tatsächlich trafen sich an seinem Hof Vertreter der liberalen Opposition, die große Hoffnungen auf den kommenden König setzten. Fürst Metternich, Österreichs Staatskanzler und treibende Kraft hinter der Unterdrückung liberaler und nationaler Bewegungen, nannte ihn missbilligend den „roten Prinzen“.

Als Ludwig I. (reg. 1825–48) trat dieser auch mit besten Absichten seine Regentschaft an, überzeugt, das ganze Bayern in einem gemeinsamen Nationalbewusstsein vereinen zu können sowie gesellschaftliche und politische Reformen voranzutreiben. Die Aufbruchsstimmung kam freilich zu einem jähen Ende, als 1830 eine neue Welle der Erhebungen durch Europa fegte, beginnend mit der Juli-Revolution in Paris, welche die Bourbonen endgültig vom Thron stieß. Als es im Dezember auch in München zu Unruhen kam, schlug sich Ludwig auf die Seite der Reaktion, unter Verletzung der eigenen Verfassung.

Protest, Rebellion und Separatismus

Kritische Abgeordnete aus Würzburg, Bamberg und Nürnberg wurden willkürlich von der Ständeversammlung ausgeschlossen. Ein Nürnberger Flugblatt bezeichnete daraufhin den König als Despoten und forderte die Errichtung einer „Republik Franconia". Diese Drohung eines fränkischen Separatismus löste eine Repressionswelle aus, in der die verfassungsmäßig festgelegte Rede- und Meinungsfreiheit auf der Strecke blieb. Dann griff König Ludwig im „Kniebeugestreit" auch noch die Glaubens- und Gewissensfreiheit der protestantischen Minderheit an: Beseelt von der Idee eines „Heiligen Katholischen Bayern" *(Bavaria Sancta Catholica)*, ordnete er 1838 an, dass auch evangelische Soldaten bei der Fronleichnamsprozession das Knie vor dem Allerheiligsten zu beugen hätten. Dies löste im protestantischen Bayern eine Protestwelle aus. Erlanger Professoren erhoben Verfassungsbeschwerde; der Ansbacher Regierungspräsident Carl Graf von Giech (1795–1863) wurde zum Wortführer der Lutheraner, aber auch ganz Frankens. Er warf der Regierung neben der Diskriminierung der Evangelischen die Benachteiligung des Nordens beim Straßen- und Wohnungsbau sowie bei den Bildungseinrichtungen vor. Aus Protest verließ er 1840 den Staatsdienst.

Es dauerte bis 1845, ehe Ludwig den Kniebeugeerlass widerwillig zurücknahm. Die vergiftete Atmosphäre mit dem lutherischen Teil seiner Untertanen mag ebenso zur Resignation und Abdankung Ludwigs im Revolutionsjahr 1848 beigetragen haben wie die Affäre um Lola Montez, die das katholisch-konservative Bayern verprellte.

Die gefährliche Spaltung im Königreich manifestierte sich 1849 im Landtag: Radikale Abgeordnete aus Franken drohten mit der Abspaltung von Bayern, sollte sich die Regierung nicht

Während der 1848er-Revolution kam es in fränkischen Städten zu antibayerischen Demonstrationen: Protestversammlung auf dem Judenbühl in Nürnberg.

hinter die Beschlüsse der Paulskirche zur Schaffung eines demokratisch legitimierten Deutschen Reiches stellen und die Grundrechte garantieren. Auf die Weigerung Münchens folgten „Aufrufe an das fränkische Volk“, welche die Loslösung Frankens und dessen Unterstellung unter die Paulskirche forderten. Der Judenbühl in Nürnberg wurde einer der Orte, an denen „Frankentage“ stattfanden, auf denen Agitatoren die Sezession Frankens forderten. In Unterfranken hatten sich Aufständische sogar bewaffnet, während man in München Truppen in Bewegung setzte; die Nürnberger Protestversammlungen fanden unter den Augen und vor den Gewehrläufen bayerischer Regimenter statt, verliefen aber gewaltfrei.

Mit der Aussicht auf einen Bürgerkrieg konfrontiert, bei dem radikale Kräfte, darunter auch Kommunisten, die Oberhand gewinnen könnten, schreckten Besitzbürgertum, Beamtenschaft, Adel und auch die Kirchen in Franken vor dem offenen Konflikt zurück und suchten die Aussöhnung mit München.

Die Sezessionsbewegung hatte ihren Schwung verloren. Dass sich Bayern im Deutschen Krieg 1866 auf die Seite Österreichs und damit der Verlierer stellte, hätte ihr nochmals Auftrieb geben können. In Nürnberg, Bayreuth und anderen fränkischen Städten wurden einmarschierende preußische Truppen jedenfalls umjubelt. Dass Franken dann aber ebenso wie Altbayern unter preußischen Einquartierungen zu leiden hatte, führte allerdings zu rascher Ernüchterung und einer gewissen gesamtbayerischen Solidarität. Sie wurde vom gemeinsam erfochtenen Sieg gegen Frankreich 1870/71 weiter vertieft.

Im neuen Deutschen Reich entwickelte sich endgültig ein umfassendes bayerisches Staatsgefühl, nicht zuletzt durch den gemeinsam erlebten Wirtschaftsaufschwung des industriellen Zeitalters.

Auf sieben Kilometern in die Zukunft

Am 7. Dezember 1835 um 9 Uhr setzt sich in Nürnberg am Plärrer dampfend und schnaufend der erste Eisenbahnzug in Deutschland in Bewegung. Die Lokomotive mit dem stolzen Namen „Adler“ transportiert die beiden Kernelemente des neuen Verkehrsmittels: Personen in Gestalt von Honoratioren und geladenen Gästen sowie Güter in Form von Bierfässern. Die Strecke ist gerade einmal 7 km lang, doch sie beweist die Funktionsfähigkeit und den Nutzen des neuen Verkehrsmittels, ist doch die parallel verlaufende Fürther Chaussee eine der geschäftigsten Straßen im Königreich. Was sich dort auf vielen Pferdewagen in einer Stunde zwischen Nürnberg und Fürth dahingeschleppt hatte, kam nun in einer Fahrt in etwas mehr als einer Viertelstunde ans Ziel.

Mit Stolz konnten die Betreiber der Ludwigs-Eisenbahngesellschaft nicht nur darauf hinweisen, dass sie die neue Technik auf den Kontinent geholt hatten. Sie hatten das Unternehmen, trotz des königlichen Namens, auch in Form einer Aktiengesellschaft finanziert. Es war offensichtlich, dass Nürnberg und Mittelfranken im neuen technischen Zeitalter dank Unternehmergeist und Kapital goldenen Zeiten entgegensahen!

Mit der ersten Fahrt des „Adler" von Nürnberg nach Fürth begann am 7. Dezember 1835 das Eisenbahn-Zeitalter in Deutschland.

Die Erfolge der ersten „Teststrecken“ in Bayern und Sachsen – dort war zwischen 1837 und 1839 die Strecke Leipzig–Dresden gebaut worden – ließen in beiden Königreichen den Wunsch entstehen, die jeweiligen Wirtschaftszentren miteinander zu verbinden. Am 18. Januar 1841 schlossen Bayern, Sachsen und Sachsen-Altenburg einen Vertrag über die Erstellung einer Bahnverbindung Leipzig–Hof–Nürnberg binnen sechs Jahren. In München nahm man dies zum Anstoß, die durchgehende Verbindung über Augsburg, das bereits an München per Bahn angeschlossen war, bis Lindau am Bodensee weiterzuführen. Diese „Ludwigs-Süd-Nord-Bahn“ sollte einen wichtigen Beitrag für die Integration des Königsreichs leisten.

Begonnen wurde mit dem Bau 1843 in Nürnberg; bereits ein Jahr später konnte der Zugverkehr bis Bamberg aufgenommen werden. Der Anschluss nach Sachsen war 1848 fertiggestellt. Die Verbindung nach Augsburg über Gunzenhausen, Nördlingen und Donauwörth konnte 1849 in Betrieb genommen werden; Lindau wurde 1851 erreicht.

Die zweite Fernstrecke Mittelfrankens wurde die Linie nach Amberg und Schwandorf der Bayerischen Ostbahn AG, die so die erste Verbindung nach Regensburg herstellte. 1859 dampften

König Ludwigs Kanal-Träume

Trotz seiner Namens-Patenschaft stand Ludwig I. dem Verkehrsmittel Eisenbahn eher skeptisch gegenüber. Er glaubte einen wichtigeren Beitrag zur Infrastruktur seines Königreichs im Ausbau der Wasserwege zu leisten.

Dass Karl der Große versucht hatte, mit einem schiffbaren Kanal zwischen Altmühl und Rezat die Flusssysteme von Rhein und Donau zu verbinden (s. S. 31), war nie ganz in Vergessenheit geraten. Es bedurfte aber erst eines straff geführten Einheitsstaates und eines für Visionen offenen Herrschers. Gleich nach seiner Thronbesteigung 1825 ordnete Ludwig die Planung eines Wasserwegs zwischen Altmühl und Regnitz an. 1836 begannen die Bauarbeiten zwischen Kelheim und Bamberg. Nach anfänglich raschen Fortschritten gab es wiederholt Verzögerungen, etwa beim Bau der Kanalüberführung über das Schwarzachtal bei Feucht. 1843 konnte der Schiffsverkehr zwischen Bamberg und Nürnberg aufgenommen werden; die Freigabe der gesamten, 174 km langen Strecke erfolgte am 2. Juli 1846. Zeitgleich wurde am Erlanger Schlossberg ein Denkmal enthüllt, auf dem sich die allegorischen Figuren von Donau und Main die Hand reichen. Der Entwurf stammt von Ludwigs Hofbaumeister Leo von Klenze, die Figurengruppe von Ludwig Schwanthaler.

Diese Schifffahrt erfolgte damals durch Treideltechnik. Die 4,20 m breiten, bis 30 m langen Kanalboote konnten bis zu 120 t Last transportieren und wurden von einem bis drei Pferden gezogen, mitunter mit menschlicher Hilfe. Erreicht wurde damit eine Geschwindigkeit von rund 3 km pro Stunde, die von den 100 Schleusen weiter ausgebremst wurde. Im günstigsten Fall benötigte eine Ladung sechs Tage zwischen Bamberg und Kelheim. Mit diesem Tempo und der Gewichtsbegrenzung geriet der Kanalverkehr umgehend ins Hintertreffen gegenüber der Eisenbahn, und der Ludwig-Donau-Main-Kanal wurde nie der wirtschaftliche Erfolgsfaktor, von dem der König geträumt hatte. Eine lokale Rolle behielt er dennoch, bis 1950 der Schiffsverkehr eingestellt wurde.

Große Abschnitte des Kanals sind inzwischen überbaut und aufgelassen. Mittelfranken besitzt aber zwischen dem Süden Nürnbergs und der Grenze zur Oberpfalz noch gut erhaltene Abschnitte, die einen populären Naherholungsraum bieten. Bei Burgthann kann man so heute noch eine Treidelfahrt miterleben.

Züge von Nürnberg nach Hersbruck. Endgültig zum Bahnknotenpunkt wurde Nürnberg mit der Fertigstellung der direkten Strecken nach Würzburg (1864) und Regensburg (1873) sowie dem Anschluss an die württembergischen Eisenbahnen in Crailsheim (1876). Westmittelfranken hatte schon 1869 mit der Strecke Würzburg–Ansbach–Treuchtlingen eine wichtige Verkehrsachse erhalten. Das letzten Jahrzehnt des 19. Jhs. und die Jahre bis zum Ausbruch des Ersten Weltkriegs sahen dann auch in Mittelfranken die Blütezeit der Lokalbahnen, die mittlere und kleinere Städte in das Bahnnetz einbanden. Die meisten davon wurden seit den 1960er Jahren eingestellt und aufgelassen. Einige Strecken, wie jene von Dombühl oder Gunzenhausen nach Nördlingen, überlebten als Trassen für Eisenbahn-Nostalgie und sind inzwischen gesuchte Vorgaben für die Wiederbelebung eines umweltfreundlichen Personen- und Güterverkehrs.

Unternehmer und Pioniere

Die erste Eisenbahn wurde ein wichtiger Anstoßgeber für die kommende Industriemetropole Nürnberg. Gründer ihrer ersten Maschinenfabrik war der in Ismannsdorf bei Windsbach geborene Johann Wilhelm Spaeth (1786–1854). Der gelernte Mechaniker hatte 1822 seine erste Werkstatt eingerichtet, in der 1825 der „Adler" zusammengebaut wurde. Mangels Kapitals blieb die Spaethsche Fabrik ein mittelständisches Unternehmen, und ihr Gründer erlag einer Schattenseite der Verstädterung: Er gehörte zu den Opfern der Choleraepidemie von 1854 in Nürnberg.

Größere Pläne hatte der aus Thüringen zugewanderte Johann Friedrich Klett (1778–1847), der 1838 in Nürnberg eine Maschinenfabrik errichtete, die sich auf den Bau von Dampfkesseln und Dampfmaschinen spezialisierte. Sein Schwiegersohn Theodor Cramer (1817–84), später Freiherr von Cramer-Klett, baute das Unternehmen Maschinenbaugesellschaft Nürnberg Klett & Co. zu einem der führenden Unternehmen der Branche aus. Die Massenfertigung von Lokomotiven blieb einer der Kern-

Die Fürther Spiegel-Industrie ist ein Beispiel für die Entwicklung einer alten Handwerkstechnik zu Großunternehmen.

bereiche der Firma, die 1898 mit der Maschinenfabrik Augsburg zur Maschinenfabrik Augsburg-Nürnberg (MAN) fusionierte.

Industrielle Massenproduktion in ein bislang handwerklich betriebenes Gewerbe brachte Lothar von Faber (1817–96). Die in Stein bei Nürnberg ansässige Familie hatte generationenlang Bleistifte hergestellt. Lothar vollzog den Schritt zum Industrie-Unternehmen, das gleichzeitig eine globale Marketing-Strategie entwickelte. Er gehörte dann auch zu den Initianten des Gesetzes über den Markenschutz, das 1875 vom Reichstag erlassen wurde. Nach Fabers Vorbild entwickelten weitere Unternehmen im Umfeld wie Staedler oder Schwan-Stabilo die Schreibgeräte-Herstellung in industriellem Ausmaß – die Welt schrieb und zeichnete mit Stiften aus Mittelfranken.

Einer neuen Industrie wandte sich der gebürtige Nürnberger Sigmund Schuckert (1846–85) zu: Gegen den Willen seines Vaters beschäftigte er sich mit der „neumodischen“ Elektrotechnik und sammelte weltweit Erfahrungen, von Siemens & Halske in Berlin bis zu Thomas Alva Edison in New York. Die Fabrik, die er in Nürnberg aufbaute, lieferte hochwertige Dynamomaschinen und Bogenlampen für die Straßenbeleuchtung. Seine Lampen verschafften Nürnberg 1882 die erste elektrische Straßenbeleuchtung in Deutschland. Pionierleistung erbrachte Schuckerts Firma auch bei der Entwicklung von Scheinwerfern und dem Bau elektrischer Straßenbahnen. 1903 wurde das Unternehmen von Siemens & Halske übernommen.

Die Elektroindustrie hatte einen hohen Bedarf an Drähten und Kabeln, und hier konnte Mittelfranken an die alte Technologie der „Leonischen Waren" anknüpfen. Eine erste Werkstatt für diese feinsten Drähte aus Messing, Silber oder Kupfer hatte der Franzose Anthoni Fournier 1569 in Nürnberg eingerichtet, andere waren entlang der Rednitz entstanden. Die neue Nachfrage führte nun zum Aufbau großer Fabriken in Reichelsdorf (heute zu Nürnberg) und in Roth – Ursprung der heutigen Leoni AG.

Den Sprung vom Handwerksbetrieb zur Fabrikfertigung vollzogen auch die Nürnberger „Dockenmacher", die Hersteller von Spielzeug. Die Gebrüder Ignaz (1840–1918) und Adolf Bing (1842–1915) wechselten so vom Großhandel mit Spiel- und Haushaltswaren zur Produktion. Sie brachten die Erfahrungen der Metallverarbeitung in die Spielzeugherstellung ein und waren bald führend in der Produktion von Spielgeräten aus Blech. In Franken und in ausländischen Niederlassungen beschäftigte Bing vor dem Ersten Weltkrieg 4000 Personen und konnte sich stolz größter Spielzeughersteller der Welt nennen.

Ein anderes Beispiel für die Industrialisierung eines traditionellen Handwerks bietet die Spiegelherstellung in Fürth. Waren die verspiegelten Glasflächen zunächst von kleinen Werkstätten hergestellt, zugeschnitten und gerahmt worden, so wurden auch hier seit der Mitte des 19. Jhs. die Arbeitsschritte fabrikmäßig zusammengefasst. 1857 arbeiteten 1400 Menschen in Fürth alleine in der Spiegelproduktion; das Branchenadressbuch von 1891 listet 78 Fachbetriebe auf. Fürther Spiegel schmückten nicht nur die Traumschlösser König Ludwigs II.; sie waren weltweit begehrt.

Dies galt auch für das Blattgold der Schwabacher Goldschläger. Zeitweise war jeder sechste Bürger der markgräflichen Landstadt mit dem Hämmern hauchdünner Goldfolien beschäftigt. Die Mechanisierung hat die Zahl der Beschäftigten stark reduziert; Schwabacher Gold ist aber bis heute Marktführer geblieben. Ob Kirchenkuppeln in St. Petersburg oder die Viktoria auf der Berliner Siegessäule – ihr Glanz ist Schwabacher Gewerbe zu verdanken.

Kaderschmieden der neuen Zeit

Die Weiterentwicklung von handwerklicher Produktion zur industriellen Massenfertigung bedurfte der Grundlagenforschung, aus der neue Technologien und neue Produkte entstanden. Neben der Verkehrstechnik waren dies im 19. Jh. v. a. die chemische Industrie und die Elektrotechnik. Gerade diese neuartige Sparte der Physik benötigte Pioniere, die weiterdachten. Einer davon war der gebürtige Erlanger Georg Simon Ohm (1789–1854): Gemeinsam mit seinem Bruder Martin wurde er von seinem Vater, einem Schlossermeister, gezielt gefördert. Das Talent der Brüder zeigte sich früh; Georg Simon konnte bereits mit 16 Jahren das Studium der Mathematik, Philosophie und Physik an der Universität seiner Heimatstadt beginnen. Seine Arbeiten über elektrischen Widerstand wurden grundlegend; die Einheit für dessen Messung erhielt zu seinen Ehren die Bezeichnung Ohm (Symbol: Ω). Ab 1833 war er Professor, dann Direktor der Städtischen, später Königlichen Polytechnischen Schule in Nürnberg, die heute als Technische Hochschule seinen Namen trägt. Ab 1849 war er Professor für Experimentalphysik an der Universität München.

Akademischer Schwerpunkte der Erlanger Universität waren zunächst die Ausbildung evangelischer Theologen, daneben Jura und Philosophie gewesen. Zu ihren berühmtesten Studenten zählten die Philosophen Johann Gottlieb Fichte (1762–1814), Friedrich Wilhelm Schelling (1775–1854) und Ludwig Feuerbach (1804–72), der Dichter und Übersetzer Friedrich Rückert (1788–1866) und der Schriftsteller Benjamin Constant (1767–1830). Mit dem fortschreitenden Jahrhundert entwickelte sich Erlangen aber auch zu einer Kaderschmiede der modernen Naturwissenschaften. Hier studierte u. a. der Chemiker Justus von Liebig (1803–73). Seinen Fußstapfen folgten die Chemie-Nobelpreisträger Hermann Emil Fischer (1902), Eduard Buchner (1907) und Arthur Harden (1929), die hier ebenfalls ihre Ausbildung erhielten.

Der lange Weg zur Emanzipation

Das 19. Jh. brachte auch Mittelfranken tiefgreifende soziale und demografische Änderungen, welche die Grundlagen für das heutige Leben in unserem Regierungsbezirk schufen. Eine Bevölkerungsgruppe, die in die neue Zeit große Erwartungen setzte, waren die Juden. Im Einheitsstaat der Wittelsbacher konnten sie zumindest auf eine Angleichung der Beschränkungen und längerfristig deren Abschaffung hoffen. Ein erster Schritt wurde das Judenedikt von 1813, mit dem das Königreich den rund 30.000 Untertanen jüdischen Glaubens Religionsfreiheit und einen gesicherten Rechtsstatus zugestand. Sie konnten nun Bürgerrechte und Grundbesitz erwerben. Eheschließungen waren aber weiterhin der sog. Judenmatrikel unterworfen, welche die Zahl der jüdischen Familien festschreiben sollte – der Hauptgrund für eine erste Auswanderungswelle jüdischer Franken in andere deutsche Staaten, aber auch nach Übersee. 1840 war die Zahl der Juden in Bayern auf 4100 gesunken; mehr als die Hälfte davon lebte in Fürth.

Alte Vorurteile blieben schwer zu überwinden; in Nürnberg wurden erst ab 1850 die ersten Juden ins Bürgerrecht aufgenommen. Die Aufhebung der Matrikel-Beschränkungen 1861 ließ ihre Zahl aber rasch wieder anwachsen, z. B. in Nürnberg von 1250 (1867) auf 7800 (1910). Die neue Mobilität hatte allerdings auch ihre Schattenseiten: Die seit Jahrhunderten blühende jüdische Gemeinde von Bruck, die zeitweise 15 % der Einwohner umfasste, löste sich zunehmend auf; um 1900 gab es dort keine Juden mehr. Einen Rückgang erlebten viele der kleinstädtischen und ländlichen Judengemeinden, während die großstädtischen florierten.

Die volle rechtliche Gleichstellung gewannen die Juden in Bayern erst durch die Reichverfassung von 1871. Um Diskriminierung in Berufsfeldern wie Militär oder akademischer Lehre abzubauen, bedurfte es allerdings weiterhin der Geduld. Immerhin konnte die neue Bevölkerungsgruppe nun ihre Präsenz in der Gesellschaft durch den Bau neuer und großer Synagogen sichtbar machen. 1874 konnte die Nürnberger Gemeinde ihr neues Gebetshaus im orientalisierenden Stil eröffnen; die Synagoge blieb ein markantes Bauwerk im Stadtbild bis zu ihrer Zerstörung 1938. In Fürth wurde die Hauptsynagoge („Altschul") 1865 umfassend renoviert und erweitert, jedoch 1938 ebenfalls zerstört.

Im Sog der Fabriken

Die rasante Entwicklung der Industrie setzte auch für Mittelfranken eine Migrationsbewegung von bislang nicht bekanntem Ausmaß in Gang. Vor allem die Fabriken benötigten weitaus mehr Arbeitskräfte als die Gemeinden vor Ort liefern konnten. 1852 zählte Nürnberg acht Großunternehmen mit mehr als 100 Arbeitern. Für die neuen Arbeitskräfte und ihre Familien wurden neuer Wohnraum und eine dazugehörige Infrastruktur benötigt, deren Erstellung und Unterhalt weitere Arbeiter erforderten. Dazu kamen Angehörige der Versorgungs- und Dienstleistungsberufe – von Bäckern, Metzgern und Gastwirten über Schneider, Schuster oder Hutmacher bis hin zu Ärzten, Anwälten sowie Staats- und Stadtbeamten. Dieses rapide Wachstum war zunächst auf die Städte des Ballungsraums um Nürnberg konzentriert. Mittelfrankens Kleinstädte blieben noch lange ebensolche.

Die Ansiedlung moderner Industriebetriebe veränderte auch Struktur und Erscheinungsbild kleinerer Gemeinden. Ein Beispiel dafür ist Röthenbach an der Pegnitz. 1880 zählte es gerade einmal 380 Einwohner, als Conrad Conradty hier eine Bleistiftfabrik eröffnete, die sich mit der Produktion der für die Elektrotechnik so wichtigen galvanischen Kohlen ein neues Marktfeld erschloss. Für die wachsende Arbeiterschaft ließ er

	1830	1840	1851	1852	1871	1890	1900	1910	2019
Nürnberg	40.000		51.000		83.000	143.000		330.000	519.000
Fürth	14.000			16.700	25.000	43.000		67.000	124.000
Erlangen	9000			11.000	12.500	18.000		25.000	112.000
Schwabach		7000					9400		40.000
Rothenburg o. d. T.		5200			5400		8000		11.200
Weißen-burg i. B.		8000			8200		9600		18.500

Entwicklung der Einwohnerzahlen

eine eigene Siedlung errichten, die schließlich 180 Häuser mit 700 Wohneinheiten umfasste. Ähnliche Werkssiedlungen entstanden auch bei anderen Fabriken; die Mehrzahl der Arbeiterschaft und einfachen Dienstleister musste mit oft beengten Quartieren in den wuchernden Vorstädten der Industriestandorte zurechtkommen. Deren hygienische Standards und Anbindung an Gas, Wasser und später Strom waren allerdings oft um einiges besser als in den „romantischen“ Altstadtquartieren.

Die neuen Wohnviertel breiteten sich immer weiter ins Umland aus, und so wuchs der Wunsch nach einem öffentlichen Verkehrsmittel. 1881 wurde in Nürnberg die erste Pferdebahn in Betrieb genommen, 1896–98 folgte die Umstellung auf elektrischen Betrieb, die auch Strecken in Fürth umfasste.

Erstes Rekrutierungsgebiet für Arbeitskräfte war der ländliche Raum der drei fränkischen Regierungsbezirke sowie der benachbarten Oberpfalz. Die Zuwanderer sprachen nicht nur unterschiedliche Dialekte; sie waren zu einem Gutteil auch katholisch, was die religiöse Struktur dieses bislang überwiegend protestantischen Teils Bayerns nachhaltig veränderte. In den Vorstädten entstanden nun Kirchen und Gemeindezentren für beide Konfessionen.

Dank der Industrialisierung drehte sich die Migrationsbilanz auch in Mittelfranken: Während noch bis in die 1890er Jahre eine starke Auswanderung v. a. in Richtung USA zu verzeichnen war, zog der Wirtschaftsraum Nürnberg jetzt Menschen auch jenseits der bayerischen Grenze an.

Wilhelm Löhe und die Diakonie

Die sozialen Umwälzungen des Industriezeitalters, v. a. die Massenmigration in die Industriezentren, brachen die gewohnten sozialen Bindungen auf. Dies führte auch zu einer Entfremdung von den Kirchen. Dem entgegenzuwirken war eines der Ziele, die der Theologe Wilhelm Löhe (1808–72) mit seiner Gründung eines Diakonischen Werks anstrebte. Geboren in eine pietistisch geprägte Fürther Kaufmannsfamilie, wandte sich der junge Theologe seit seinem Studium in Erlangen einer Neubelebung lutherischerer Werte und Lehren in der evangelischen Kirche zu, auch in Abgrenzung zur reformierten Kirche. 1837 übernahm er die Pfarrei Neuendettelsau, die zum Zentrum seines Wirkens wurde.
Neben der Ausbildung von Missionaren, die v. a. in Nordamerika tätig wurden, erkannte Löhe die Notwendigkeit der Inneren Mission, die Glaubensvertiefung mit praktischer Hilfe verband. Dies wurde Auftrag der Diakonissen und der Helferinnen des Lutherischen Vereins für weibliche Diakonie, welche Frauen eine neue Rolle in der evangelischen Kirche erschloss. Die 1854 gegründete Diakonissenanstalt in Neuendettelsau wurde zum Zentrum eines bis heute weit ausstrahlenden Sozial- und Bildungswerks.

Vom Kaiserreich zur Stunde Null

Im neuen Reich

Mit dem Beitritt Bayerns zum neu gegründeten Deutschen Reich fand sich Mittelfranken in einem größeren politischen und wirtschaftlichen Kontext wieder, was sich gerade auf letzterem Gebiet als großer Vorteil erweisen sollte. Einer kurzen, wenn auch heftigen Wirtschafts- und Bankenkrise von 1873 folgte ein stetiger Aufschwung, der das junge Reich an die Spitze der Industrienationen führte. Der Großraum Nürnberg war und blieb ein Zentrum von technischem Fortschritt und moderner Produktion. Dem musste man auch in München Anerkennung zollen. Die Bayerischen Landes-Gewerbe-, Industrie- und Kunstausstellungen 1882, 1896 und 1906 – zur 100-Jahr-Feier des Königsreichs – fanden in Nürnberg statt.

Chlodwig von Hohenlohe-Schillingsfürst amtierte von 1894 bis 1900 als Kanzler und Regierungschef des Deutschen Reiches.

Chlodwig von Hohenlohe-Schillingsfürst – Reichskanzler aus Franken

Chlodwig von Hohenlohe-Schillingsfürst (1819–1901) war Sprössling der seit dem 12. Jh. belegten Reichsgrafen-Familie, die einen ihrer Sitze auf Schloss Schillingsfürst (Lkr. Ansbach) hatte, das Chlodwig 1845 als Erbgut übernahm. Der gelernte Jurist wurde damit Mitglied der Ersten Kammer des Bayerischen Landtags. Während der Revolution von 1848 trat er für die Nationalversammlung und den neuen Verfassungsentwurf ein. Als liberal gesinnter Anhänger eines Zusammenschlusses der deutschen Staaten wurde er 1866 nach der Niederlage Bayerns im Deutschen Krieg Ministerpräsident und Außenminister. Sein Eintreten für eine Trennung von Staat und Kirche führte 1870 zu seiner Abberufung; in den Deutschen Reichstag zog er als Abgeordneter der Liberalen ein.
Nachdem Bismarcks Nachfolger Leo von Caprivi im Oktober 1894 gestürzt worden war, wurde Chlodwig – trotz seiner Einwände ob seines hohen Alters und mangelnder Regierungserfahrung – von seinem entfernten Cousin Wilhelm II. zum Reichskanzler berufen. Das hinderte ihn nicht daran, dem „persönlichen Regiment" des Kaisers die Stirn zu bieten. So weigerte er sich, eine von diesem vorbereitete Rede zu verlesen: „Ich bin nicht Kanzleirat, sondern Reichskanzler und muss wissen, was ich zu sagen habe." Ohne parlamentarische Mehrheit und ohne Rückendeckung des Kaisers musste er erdulden, wie der zum Nachfolger ausersehene Bernhard von Bülow mehr und mehr Einfluss auf die Reichspolitik gewann. 1900 wurde dem inzwischen 81-Jährigen der Abschied erlaubt; er starb ein Jahr später.

Anfang des 19. Jhs. waren fast drei Viertel der Nürnberger Bevölkerung in der produzierenden Industrie beschäftigt. Dies hatte auch politische Konsequenzen: Bei der ersten Reichstagswahl 1871 waren alle sechs mittelfränkischen Reichstagssitze an Vertreter der staatstragenden liberalen und konservativen Parteien gefallen. Bereits 1881 ging jedoch der Nürnberger Reichstagssitz an die Sozialistische Arbeiterpartei, die den Sitz als SPD (ab 1890) konsequent verteidigen konnte – das „Rote Nürnberg" wurde zur politischen Konstante.

Ebenso konstant behauptete das katholische Zentrum als zweite Bismarck-skeptische Partei ab 1881 den Wahlkreis Eichstätt-Beilngries-Weißenburg in Berlin.

Unverändert blieb allerdings auch die Zahl der Wahlkreise für den Reichstag: Nürnberg mochte seine Anwohnerzahl verdoppeln – es blieb auf einen Abgeordneten beschränkt. Dies geschah auch in anderen Ballungsräumen des Reiches, zur ständigen Benachteiligung der SPD.

Republik in der Krise

Diese Ungleichheit wurde erst beseitigt, als das Deutsche Reich zur Republik geworden war. Zuvor musste auch Mittelfranken die Nöte und das Elend des Ersten Weltkriegs durchleiden – den Tod Tausender junger Männer, was gerade in kleine Gemeinden tiefe Lücken riss, die Rationierungen und Hungersnöte und schließlich noch das Massensterben während der Spanischen Grippe 1918/19. Dem Zusammenbruch der Monarchien in Berlin und München im November 1918 folgten Anfang 1919 die Erhebungen kommunistisch-anarchistisch geführter Räte in den großen Städten. Während sich in München eine Räterepublik mehrere Wochen lang halten konnte, verweigerten sich die Arbeitervertreter in Nürnberg und Erlangen dieser Form der Revolution. Mangels Unterstützung strichen die Arbeiterräte in Fürth und Ansbach, die am 7. April die Stadtregierungen übernommen hatten, nach nur vier Tagen die roten Fahnen. Mittelfranken stellte sich hinter die nach Bamberg geflüchtete Regierung Hoffmann, als diese die Münchner Räterepublik mit Gewalt beseitigte.

1919 erhielt Deutschland seine erste republikanisch-demokratische Verfassung mit allgemeinem Wahlrecht. Die Begeisterung für die „Weimarer Republik“ hielt sich auch in Mittelfranken in Grenzen; zu groß waren die Belastungen durch die Kriegsfolgen und die Auflagen des Versailler Friedensvertrags. Vor allem die galoppierende Inflation, die 1923 ihren dramatischen Höhepunkt erreichte, machte den Menschen zu schaffen. Die Druckerpressen kamen mit dem Nachschub an neuen

Geldscheinen mit immer mehr Nullen nicht nach; Gemeinden begannen ihr eigenes Notgeld auszugeben. Die Konsolidierung mit der Währungsreform der Rentenmark erlaubte dann zwar einen wirtschaftlichen Aufschwung, brachte aber keinen entscheidenden Zuwachs an Vertrauen in das politische System.

Antidemokratische Parteien an beiden Enden des Spektrums konnten daher erheblichen Zulauf gewinnen, abhängig vom ökonomischen Auf und Ab der Weimarer Republik. Bei den Landtagswahlen 1924 beispielsweise stimmten 44 % der Nürnberger Wähler für die Kommunisten oder den „Völkischen Block" – heute würde man von Protestwählern sprechen.

Während sich die linke Ablehnung der Republik in der von den Sozialdemokraten abgespaltenen KPD sammelte, tummelten sich am rechten Rand zahlreiche nationalistisch-völkische Gruppierungen. Die NSDAP gewann zunehmend Zulauf, auch weil sie ihre Systemkritik mit unverhülltem Antisemitismus präsentierte. Dass „der Jude" an allem „schuld" sei, ersparte ihren Anhängern jede tiefer greifende Ursachenforschung.

Der November-Putsch von 1923 mit der kurzzeitigen Verhaftung Adolf Hitlers und anderer Parteiführer brachte der NSDAP zwar einen Rückschlag. Nach der Wiederzulassung 1925 konnte die Partei aber rasch ihre Strukturen wieder auf- und ausbauen; einer ihrer stärksten Stützpunkte wurde das ländliche Mittel- und Oberfranken. Dies war nicht zuletzt dem Organisationstalent und der populistischen Rhetorik Julius Streichers zu verdanken, dem Hitler die Führung des NSDAP-Gaues Mittelfranken übertragen hatte.

Zwischen 1928 und 1939 versammelten sich an den Ostertagen bis zu 100.000 Menschen auf dem Hesselberg bei Wassertrüdingen, um den Hetzreden des „Frankenführers" Streicher zuzujubeln, umrahmt von Ansprachen anderer NSDAP-Größen wie Hermann Göring. Hitler selbst trat bei diesem von Streicher initiierten „Tag der (arischen) Franken" nur einmal, 1930, auf – sein Verhältnis zum Gauleiter blieb gespannt. Streicher hatte den Inselberg (689 m) am Rande des Nördlinger Rieses zum „Heiligen Berg der Franken" erklärt, mit Bezug auf eine angebliche, durch keinerlei archäologische Funde belegte germanische Kultstätte. Auf dem Hesselberg sollte mit der „Adolf-Hitler-

Julius Streicher – „Frankenführer" und Judenhetzer

Lange bevor das Deutsche Reich seinen „Führer und Reichskanzler" Adolf Hitler bekam, hatte Franken seinen „Frankenführer". So stilisierte sich jedenfalls Julius Streicher (1885–1946) selbst. Der gebürtige Schwabe war ab 1909 als Volksschullehrer in Nürnberg tätig. Nach dem Ersten Weltkrieg trat er einer antisemitisch-völkischen Splitterpartei bei, die 1922 in der NSDAP aufging. Er gründete die Nürnberger Ortsgruppe und konnte dazu Hitler begrüßen. Im folgenden Jahr wurde er wegen seiner aggressiven antisemitischen und antidemokratischen Äußerungen vom Schuldienst suspendiert. Von nun an war er als politischer Propagandist tätig und marschierte an Hitlers Seite beim Novemberputsch in München.

1924 wurde er für die NSDAP in den Nürnberger Stadtrat und in den Bayerischen Landtag gewählt. Da war er bereits Verleger und Herausgeber der Wochenzeitung „Der Stürmer", in der er alle Register übelster Judenhetze zog. Dauerthema des Machwerks waren pornografisch ausgeschlachtete Fälle sog. „Rassenschande" zwischen Juden und „Arierinnen".

1932 zog Streicher für die NSDAP in den Reichstag ein. Seit 1925 agierte er als Gauleiter von Mittelfranken, dann von ganz Franken, und ließ sich als „Frankenführer" feiern. Nach der „Machtergreifung" 1933 forderte er für sich die ideologische Führung in seinem Gau, v. a. was die Diskriminierung der Juden anging. An der Abfassung der „Nürnberger Rassen-Gesetze" 1935 war er mitbeteiligt. Als Verleger des „Stürmers" und anderer Hetz-Publikationen, die zur Pflichtlektüre im NS-Staat zählten, war Streicher Millionär geworden, zudem bereicherte er sich im Zuge der „Arisierung" jüdischen Eigentums hemmungslos. Die damit verbundene Korruption ging aber selbst den Parteigenossen zu weit; hinzu kamen Anschuldigungen wegen sexueller Übergriffe und Missachtung anderer NS-Größen. 1940 wurde Streicher seiner Ämter enthoben und aus Nürnberg verbannt. Auf Intervention Hitlers durfte der alte Kampfgefährte aber Titel nebst Uniform weiterführen.

Nach Kriegsende verhaftet, gehörte er zu den Hauptangeklagten der Nürnberger Prozesse. Er wurde wegen seines ideologischen Beitrags zum Holocaust zum Tode verurteilt und am 16. Oktober 1946 in Nürnberg gehenkt.

Der Stürmer

Deutsches Wochenblatt zum Kampfe um die Wahrheit

HERAUSGEBER: JULIUS STREICHER

Nummer 9	Nürnberg, im Februar 1940	18. Jahr 1940

Israel und Sara

An ihren Namen sollt ihr sie erkennen

Seit dem 1. Januar 1939 sind in Deutschland alle jüdischen Personen verpflichtet, Vornamen zu führen, aus denen ihre Rassezugehörigkeit deutlich hervorgeht. Ein Jude, der bisher „Karl Franck" hieß, muß sich nun **„Karl Israel Franck"** nennen. Oder eine Jüdin, die den Namen „Elly Fürst" trug, heißt nun **„Elly Sara Fürst"**.

Wir fragen nun: Wie kamen denn die Juden überhaupt dazu, sich einst unsere deutschen Vornamen anzueignen?

Bei der Beschneidung erhielt der Judenknabe immer nur einen „heiligen" Namen, der aus dem Alten Testament oder aus dem Talmud stammte. Also z. B. **Abraham, Isaak, Salomon, Levy, Ruben** oder **Sarah, Judith, Rebekka** usw. Aber schon im 13. Jahrhundert ging man dazu über, neben diesen rein jüdischen Vornamen den Kindern auch einen zweiten, für den Geschäftsgebrauch bestimmten Vornamen zu geben, der der deutschen Sprache entnommen war. Dabei begnügte man sich häufig sogar mit Namen aus dem Tierreich, wie z. B. **Hirsch, Bär, Wolf** usw. Es sind dies auch jene Namen, die später zu Familiennamen wurden.

Anders verfuhr man bei den Mädchen. Bei der niedrigen Stellung der Frau im jüdischen Kultleben kam ein „heiliger" Name nicht in Frage. Man gab

Aus dem Inhalt

Frankreichs jüdischer Krieg
Die Judenfrage im Protektorat
Der Volksfeind:
Märchen vom tüchtigen Judenkaufmann

Judas Verderben

Der Jude hat alles auf's Spiel gesetzt,
Mit Verbrechern und Teufeln verschworen.

Die Völker in maßloses Unglück gehetzt. –
Doch schon sieht er den Einsatz verloren.

Die Juden sind unser Unglück!

Mit primitivem Antisemitismus versuchte Julius Streicher in seinen Publikationen gegen die jüdischen Mitbürger Stimmung zu machen.

Schule" eine NS-Kaderschmiede entstehen. Das ländlich-protestantische Mittelfranken blieb eine Bastion der NSDAP. In den Arbeiterstädten blieb jedoch die SPD führende Kraft – etwa bei den Gemeindewahlen 1929 mit 40 % der Stimmen, während die NSDAP gerade einmal auf 15 % kam.

Bei den vorentscheidenden Reichstagswahlen von 1932, welche die NSDAP zur stärksten Partei im Reich, wenn auch ohne Mehrheit, machten, lieferte Mittelfranken mit 42 % der Hitler-Partei das beste Ergebnis in Bayern, dicht gefolgt von Oberfranken mit 40 %. Das überwiegend katholische Unterfranken gab der NSDAP dagegen gerade einmal 22 % Zustimmung.

Im NS-Reich

Nach der „Machtergreifung" 1933 sahen es Streicher und seine Parteigenossen als ihre wichtigste Aufgabe, das „rote Nürnberg" aufzubrechen. Der langjährige, verdiente Oberbürgermeister Hermann Luppe (1874–1945) wurde abgesetzt und durch den strammen Parteigenossen Willy Liebel (1897–1945) ersetzt. Den Stadtrat bildeten nun NSDAP-Mitglieder; führende Sozialdemokraten und Kommunisten wurden verhaftet und ins KZ Dachau verschleppt. Bis Sommer waren auch in Franken alle demokratischen Parteien aufgelöst und die „Gleichschaltung" des gesamten politischen, sozialen und kulturellen Lebens in vollem Gange. Die alte Länderorganisation wurde aufgebrochen; aus Mittelfranken wurde der Gau Franken mit der Hauptstadt Nürnberg. Gleichzeitig hatte die Diskriminierung von Juden begonnen, die in Streichers Machtbereich besonders intensiv und perfide vorangetrieben wurde.

Für das gleichgeschaltete Nürnberg hatte Hitler allerdings eine besondere „Ehre" in petto: Die dort 1927 und 1929 abgehaltenen Parteitage der NSDAP waren noch eine Provokation für die vielen Nicht-Nazis der Stadt gewesen; jetzt wurde die „Stadt der Reichstage" zur „Stadt der Reichsparteitage" erklärt, einer der Versuche der NS-Ideologie, eine Kontinuität zwischen dem alten Reich und ihrem selbstproklamierten „Dritten Reich" herzustellen. Zwischen 1933 und 1938 wurden so jeden September Hunderttausende von Parteimitgliedern, von der HJ bis zu SA und SS, nach Nürnberg transportiert, um dem „Führer" zuzujubeln und mit ihren Aufmarschformationen zugleich zu beeindrucken wie einzuschüchtern. Für diese Massenveranstal-

Vom riesigen Reichsparteitagsgelände, das unter der Regie von Albert Speer begonnen wurde, sind nur einige Bauwerke – hier die Kongresshalle – erhalten.

tungen sollte Hitlers Leibarchitekt Albert Speer ein riesiges Parade-, Sport- und Tagungsgelände errichten; der Ausbau begann 1935 und ging zügig voran, bis der Kriegsausbruch 1939 das Projekt zum Stocken brachte. Dass ein Großteil des Baumaterials, v. a. die Granitplatten, durch Zwangsarbeit im KZ Flossenbürg und dessen Außenstellen hergestellt wurde, blieb der Öffentlichkeit weitgehend verborgen.

Die Synagogen brennen

Zum Reichsparteitag 1935 war auch der Reichstag, das Marionettenparlament der NSDAP, nach Nürnberg beordert worden, um die Diskriminierung und Ausgrenzung der Juden in ein pseudolegales Mäntelchen zu hüllen. Mit diesen „Nürnberger Gesetzen" wurden den Juden wesentliche Bürgerrechte aberkannt und Beziehungen zwischen „Ariern" und „Nicht-Ariern" unter Strafe gestellt. Der Exodus der jüdischen Franken, die so lange einen wichtigen Teil der Gesellschaft gebildet hatten, verstärkte sich daraufhin; aber viele, zu viele hofften weiterhin, dass es „nicht so schlimm" kommen werde.

KZ-Außenlager in Mittelfranken

Als Außenlager von Flossenbürg wurde 1944 am Ortsrand von Hersbruck ein Gefangenenlager errichtet, dessen Insassen im Bergmassiv der Houbirg eine unterirdische Waffenfabrik errichten mussten. Solche Anlagen waren die Antwort des Rüstungsministeriums auf die zunehmenden Bombenschäden. In der Houbirg sollten hauptsächlich Flugzeugmotoren der Firma BMW produziert werden. Ab April 1944 begannen die Arbeiten unter härtesten Bedingungen; von den rund 9000 eingesetzten Zwangsarbeitern dürften 4000 ums Leben gekommen sein. Bei Kriegsende waren rund 3,5 km Stollen vorangetrieben worden. Erst 1998 wurde am zugemauerten Stolleneingang eine Gedenktafel angebracht.
Kleinere Außenlager bestanden in Nürnberg für KZ-Häftlinge, die beim Bau der SS-Kaserne oder bei Siemens Zwangsarbeit leisten mussten. Nur wenige Wochen vor Kriegsende wurde in Ansbach ein Außenlager eingerichtet, dessen Insassen bei der Beseitigung der Kriegsschäden helfen mussten. Ebenfalls Flossenbürg unterstellt war ein Kriegsgefangenenlager in Eichstätt, das von Oktober 1944 bis Januar 1945 bestand.

Die letzten Illusionen wurden in der „Reichspogromnacht“ vom 9. auf den 10. November 1938 und den folgenden Tagen zerschmettert, als SA-Einheiten und ein von ihnen gesteuerter Mob jüdische Wohnungen und Geschäfte plünderten und zerstörten sowie Synagogen verwüsteten und in Brand steckten – in den Städten wie Nürnberg, Fürth oder Ansbach, aber auch in kleinen Gemeinden wie Schnaittach, Schopfloch oder Bechhofen. Juden wurden körperlich angegriffen; in Nürnberg gab es 30 Tote, ohne dass es zu einer Strafverfolgung gekommen wäre. Im Gegenteil, die Juden mussten für die Schäden auch noch aufkommen, was die erzwungene Übernahme jüdischer Geschäfte zu einem brutalen Ende führte. Viele Juden wurden verhaftet und in KZs verschleppt. Wem in den folgenden Monaten nicht doch noch die Ausreise gelang, wurde deportiert. Die meisten von ihnen endeten in den Vernichtungslagern – aus Fürth etwa 800 Personen, aus Nürnberg über 1700, aus Ansbach rund 50, aus Eichstätt 20.

Von der „Stadt der Reichparteitage" zum Trümmerfeld: In Nürnbergs Altstadt wurden 90 % der Gebäude vom Bombenhagel zerstört.

Henry Kissinger – von Fürth zum Friedensnobelpreis

Zu den Glücklichen, denen rechtzeitig die Ausreise gelang, gehörte die Fürther Lehrerfamilie Kissinger, die im Herbst 1938 die USA erreichte. Angehörige, die zurückgeblieben waren, fielen dem Holocaust zum Opfer. Zu den Geflüchteten gehörte der 15-jährige Heinz Alfred, genannt Henry. Als US-Bürger und Soldat kehrte er 1944 nach Europa zurück und arbeitete als Übersetzer und Aktenforscher für den Militärgeheimdienst. Der Politologe mit dem Doktortitel der Harvard-Universität wurde von Präsident Richard Nixon (1969–74) zum Nationalen Sicherheitsberater berufen. Als Vertreter einer Realpolitik nahm er Kontakte zu China, zur UdSSR und schließlich zum Kriegsgegner Nordvietnam auf. Für den Friedens(vor)vertrag erhielt er 1973 den Friedensnobelpreis. 1973 bis 1977 war er Außenminister und arbeitete zielgerichtet an einer Entspannung zwischen Ost und West wie zwischen Israel und seinen Nachbarn. Auch spätere US-Präsidenten suchten seinen Rat.

Im Bombenhagel

Der Reichsparteitag des Jahres 1939 sollte zynischerweise den Titel „Parteitag des Friedens“ tragen, während in Berlin die Kriegsvorbereitungen auf Hochtouren liefen. Doch dann marschierten im September die Stiefel der Wehrmacht nicht über das Paradegelände am Nürnberger Dutzendteich, sondern über Polens Straßen. Dem scheinbar unaufhaltsamen Vormarsch durch Europa konnten die Alliierten lange Zeit nur Luftangriffe auf kriegswichtige Ziele entgegensetzen. Nürnberg stand auf dieser Liste ganz oben – als Industriestandort und Eisenbahnknotenpunkt, aber auch als symbolträchtige Bühne des Nationalsozialismus. Entsprechend zahlreich und heftig fielen die Bomberattacken aus; die notorische Ungenauigkeit dieser Waffe machte große Teile Mittelfrankens zu „Kollateralschäden“. So wurde schon beim ersten großen Angriff im Oktober 1941 die Stadt Schwabach Hauptleidtragende mit zerstörten Häusern und mehreren Toten. Ab 1943 häuften sich die Bombenalarme. Beim Großangriff vom 31. März, der die Alliierten schwere Verluste kostete, fielen die meisten Bomben auf die Ortschaften östlich von Nürnberg: Behringersdorf, Rückersdorf, Lauf. Nachfolgende Angriffe waren präziser, und in der Nacht vom 2. Januar 1945 wurden in Nürnberg 90 % der historischen Altstadt und anderer Wohnviertel zerstört. Hunderttausend Menschen wurden obdachlos, über 1800 starben. Die Angriffe gingen bis zum 11. April weiter. Als die Alliierten neun Tage später Nürnberg erreichten, war die Stadt ein riesiges Trümmerfeld.

Schwer beschädigt wurde auch Rothenburg kurz vor Kriegsende, am Karfreitag 1945 – als „Verlegenheitsziel“, da das Bombergeschwader sein eigentliches Objekt wegen Nebels nicht anfliegen konnte. Mehr strategische Bedeutung hatte der Bahnknotenpunkt Treuchtlingen. Dort kam es am 23. Februar 1945 zu einer der tödlichsten Luftattacken in Mittelfranken, da im Augenblick des Angriffs ein Zug mit Fronturlaubern am Bahnhof wartete; rund 600 Menschen starben, 900 wurden verletzt.

Für die bislang vom Krieg verschonten Gemeinden ging in den letzten Kriegswochen die größte Bedrohung für Leben, Hab und Gut von den eigenen Reihen aus, wenn fanatische NS-Amtsträger und SS-Einheiten letzten Widerstand zu organisieren suchten, damit Beschießung und Bombardement seitens der US-Armee provozierten und gleichzeitig Jagd auf „Defätisten“ machten. In Ansbach wurde so noch am 18. April, wenige Stunden vor dem Einmarsch der Amerikaner, der 20-jährige Robert Limpert wegen Sabotage hingerichtet.

Einige Tage später war für Mittelfranken der Krieg endgültig vorbei und die Menschen sahen einer mehr als ungewissen Zukunft entgegen.

Von der Stunde Null ins neue Millennium

Neubeginn aus Trümmerbergen

Mit der Kapitulation trat die Aufteilung des Deutschen Reichs in Besatzungszonen in Kraft, wie es zwischen den Alliierten vereinbart war. Bayern war der US-Verwaltung unterstellt, die auf die Strukturen der Vor-NS-Zeit zurückgriff. So wurden mit der Bayerischen Verfassung vom Herbst 1945 auch die alten Regierungsbezirke wiederhergestellt. Schwieriger war die Aufgabe, „unbelastete" Deutsche für staatliche Funktionen zu finden. Bei den Führungspositionen war dies noch relativ einfach – erster Bezirkstagspräsident wurde der Ansbacher Oberbürgermeister Ernst Körner (1899–1952), der als SPD-Politiker von den Nazis in Dachau inhaftiert gewesen war. Für die untergeordneten Ränge begann der umständliche und umstrittene Prozess der „Entnazifizierung", die auch in Mittelfranken manche unerwünschte Kontinuität zur Folge hatte.

Ob überzeugte oder bekehrte Demokraten – die Verantwortlichen standen vor der gewaltigen Aufgabe, ein zerstörtes Land wieder lebenswert zu machen. In Nürnberg war gut die Hälfte der Einwohner obdachlos; alleine die Straßen wieder begeh- und befahrbar zu machen und die Versorgungsleitungen wiederherzustellen, war eine enorme Herausforderung. Das ländliche Mittelfranken und seine weniger betroffenen Städte hielten damals die Metropole am Leben.

Neue Heimat Mittelfranken

Verschärft wurde die Situation zusätzlich dadurch, dass der Krieg auch in Franken die wohl größte demografische Umwälzung der Geschichte ausgelöst hatte. Den schweren Verlusten unter Soldaten und Zivilbevölkerung stand ein Zustrom von

Der NS-Staat vor Gericht

Mittelfranken sah nach Ende des Kriegs einen Meilenstein des Völkerrechts, als die Alliierten führende Persönlichkeiten des NS-Staats und der Wehrmacht für ihre Verbrechen zur Verantwortung zogen. Dass Nürnberg Schauplatz dieser Prozesse wurde, hatte zum einen symbolische Bedeutung, wenn die Täter am Ort von Reichsparteitagen und Rassegesetzen abgeurteilt wurden. Die Stadt bot aber auch ein unzerstörtes Justizgebäude mit angebautem Gefängnis, wodurch Transporte der Angeklagten vermieden wurden. Insgesamt wurden zwischen dem 20. November 1945 und dem 14. April 1949 13 Prozesse abgehalten. Die größte Aufmerksamkeit fand das Verfahren gegen die als Hauptkriegsverbrecher eingestuften Politiker und Militärs. Von den 24 Angeklagten wurden zwölf zum Tod durch den Strang verurteilt; an zehn wurde das Urteil am 16. Oktober 1946 vollstreckt. Göring hatte Selbstmord begehen können; Martin Bormann, in Abwesenheit angeklagt, war bereits tot. Es gab sieben Freiheitsstrafen und drei Freisprüche. In den Nachfolgeprozessen wurden Juristen, Ärzte, SS-Leute, Industrielle, Offiziere und hohe Staatsbeamte angeklagt, insgesamt 185 Personen. Es kam zu 24 Todesurteilen, von denen zwölf vollstreckt wurden. Die meisten Haftstrafen wurden im Laufe der 1950er Jahre abgekürzt.

Trotz mancher Kritik an einer „Siegerjustiz" hat sich das Prinzip, dass Politiker und Militärs für Verletzungen der Menschenrechte angeklagt werden können, durchgesetzt und wird vom Internationalen Gerichtshof im Haag aufrechterhalten. Die Stadt Nürnberg hat die ihr zugefallene Rolle aktiv aufgegriffen und sich zur „Stadt der Menschenrechte" erklärt. 1988 wurde in der Altstadt eine „Straße der Menschenrechte" installiert, und alle zwei Jahre verleiht die Stadt einen Internationalen Menschenrechtspreis.

Flüchtlingen und Vertriebenen gegenüber. 1945 erreichten die ersten Wellen vertriebener Deutscher Nordbayern; bis Ende des Jahres hatte es 189.000 Flüchtlinge v. a. aus Schlesien, Ostpreußen oder Pommern nach Franken verschlagen. 1946 wurde der Strom zur Flutwelle, als die Tschechoslowakei die Sudetendeutschen auswies. 1950 zählten die fränkischen Regierungsbezirke nicht weniger als 666.000 Heimatvertriebene und Flüchtlinge.

Der Schwurgerichtssaal 606 des Nürnberger Justizgebäudes sah die juristische Aufarbeitung der NS-Diktatur und der Kriegsgräuel

Deren Aufnahme in einem vom Krieg schwer gezeichneten Land war eine gewaltige Herausforderung für die Gemeinden. Die Notwendigkeit, ohnehin gedrängten Wohnraum und nicht ausreichende Nahrungsmittel mit „Fremden" teilen zu müssen, löste Spannungen aus, und der Integrationsprozess verlief alles andere als konfliktfrei. Umso bemerkenswerter waren die Leistungen der Gemeindeverwaltungen, einen möglichst gerechten Ausgleich zu finden.

Mit der Währungsreform 1948 und dem nachfolgenden Wirtschaftswunder entspannte sich die Lage. Der Bauboom der 1950er Jahre sorgte nach und nach für ausreichenden Wohnraum, und als die in Fahrt gekommene Wirtschaft Arbeitskräfte benötigte, erwies sich der Zuzug als Segen. Ministerpräsident Hans Ehard konnte so 1954 die Sudetendeutschen als „vierten Stamm" Bayerns auszeichnen, der gemeinsam mit Franken, Schwaben und Altbayern die Grundlagen für das moderne Bayern gelegt hat.

Eine weitere Welle von vertriebenen oder flüchtenden Deutschen, bei denen sich politische und wirtschaftliche Motive

Das Dorf der Instrumentenbauer

Ein gutes Beispiel, wie eine kluge Initiative zur Integration beitragen kann, bietet die „Geigenbauersiedlung" von Bubenreuth bei Erlangen. 1949 erklärte sich das damals nicht einmal 700 Einwohner zählende Dorf bereit, die Heimatvertriebenen aus Schönbach (Luby) im Sudetenland aufzunehmen. Unter ihnen fanden sich viele Instrumentenbauer, die für ihre hochwertigen Streich- oder Zupfinstrumente bekannt waren. Am Ortstrand entstand bis 1955 eine Siedlung, die in 400 Wohnungen 1600 Menschen eine neue Heimat bot. Gleichzeitig gewann die Gemeinde einen neuen Wirtschaftszweig, der bis heute einen wichtigen Beitrag zum Bruttosozialprodukt des Ortes liefert.

verbanden, kam bis zum Mauerbau 1961 aus der DDR. Poltische Unsicherheit und die Hoffnung auf ein besseres Leben lösten zudem nach der Auflösung der UdSSR ab 1989 einen Zustrom von „Russlanddeutschen" aus, von denen viele in der Metropolregion Nürnberg ihre neue Heimat fanden.

Der wunderbare Aufschwung

Der Fürther Wirtschaftswissenschaftler Ludwig Erhard (1897–1977) war 1945 von der Besatzungsmacht als erster bayerischer Wirtschaftsminister berufen worden. Er konnte die zunächst skeptischen West-Alliierten und deutschen Experten davon überzeugen, dass Zwangsbewirtschaftung und Rationierung nur dem Schwarzmarkt halfen und jede wirtschaftliche Initiative erstickten. Gleichzeitig müsse die weitgehend wertlose Rentenmark durch eine Währung ersetzt werden, welcher die Menschen vertrauten. Im Sommer 1948 wurde tatsächlich die Währungsreform vollzogen, die mit einer weitgehenden Aufhebung der Rationierung einherging. Alle Einwohner der drei West-Zonen erhielten ein Startkapital von 40 D-Mark.

Als Wirtschaftsminister der Regierungen Adenauer konnte Erhard dann das deutsche „Wirtschaftswunder" begleiten und fördern, wobei er den Akzent auf die „soziale Marktwirtschaft" zu setzen suchte – als Gegenentwurf zum ungebremsten angelsächsischen Kapitalismus. Als Bundeskanzler von 1963 bis 1966 war er eher glücklos. Zur Würdigung seines Wirkens eröffnete Fürth 2018 das Ludwig Erhard Zentrum.

Auch Erhards mittelfränkische Heimat hatte ihren Anteil am Wirtschaftswunder, nicht zuletzt durch eine neue Generation erfindungsreicher Unternehmer, darunter der Nürnberger Max Grundig (1908–89), der sein kleines Radiogeschäft in Fürth zum Elektronikkonzern ausbaute, oder Gustav Schickedanz (1895–1977) aus Fürth, der in der Vorkriegszeit eine Kurzwarenhandlung zu einem erfolgreichen Textilvertrieb entwickelt hatte – wobei er auch von „Arisierungen" profitierte. 1949 erhielt er sein Unternehmen zurück, das er mit seiner zweiten Ehefrau Grete (1911–94) unter dem Namen „Quelle" zum führenden Direktvertriebshandel Deutschlands ausbaute. Der in Millionenauflage erscheinende Quelle-Katalog beschäftigte sämtliche Großdruckereien im Großraum. Dazu gehörte die Maul & Co AG, eine Gründung des Nürnbergers Hannsheinz Porst (1922–2010), der den von seinem Vater gegründeten Fotohandel zum Marktführer in Deutschland machte.

Einen wichtigen Anstoß für die Entwicklung des Wirtschaftsraums Mittelfranken gab die Entscheidung des Siemens-Konzerns, einen Teil des Unternehmens aus dem eingeschlossenen Berlin hierher zu verlegen. Die Siemens-Schuckert-Werke waren ohnehin ein wichtiger Arbeitgeber in Nürnberg; in Erlangen, wo die Siemens-Reiniger-Werke bestanden, wurden – in Anlehnung an die bestehende Universität und ihre Forschungsarbeiten – v. a. neue Geschäftsfelder wie Medizintechnik und Turbinenbau angesiedelt. Erlangen wurde so neben München zum zweiten Zentrum des Technikkonzerns. 1981 waren dort nicht weniger als 31.000 Mitarbeiter beschäftigt.

„Gäste", die bleiben

Wann immer ein Land eine wirtschaftliche Blüte erlebt, zieht es Menschen an, die auf ein besseres Leben hoffen – Arbeitsmigration war in Franken seit dem Mittelalter eine konstante Treib-

Bruderkampf im Sportgeschäft – Die Dasslers

Dass die mittelfränkische Kleinstadt Herzogenaurach zu einer Weltmetropole des Sportartikelmarktes wurde, ist dem Streit zweier Brüder zu verdanken. Rudolf (Rudi) und Adolf (Adi) waren die Söhne des Schuhmachers Christoph Dassler. Nach dem Ersten Weltkrieg überzeugte Adi (1900–78) den Vater, auf die Produktion von Turn- und Sportschuhen umzusteigen. Rudi (1898–1974) stieg ebenfalls in das Unternehmen ein und bewies sich als einfallsreicher Erfinder und Entwickler. Bei den Olympischen Spielen 1936 benutzen mehrere Athleten, darunter Jesse Owens, Dassler-Sportschuhe.

Als Parteimitglieder und Hersteller von Kriegsmaterial wurden die Brüder bei Kriegsende von den Alliierten festgenommen; ihr bereits bestehendes Misstrauen führte zu gegenseitigen Vorwürfen der Denunziation und zur Spaltung des Unternehmens. Adi nannte seine Firma „Adidas"; Rudi wählte den Markennamen „Puma". Die Konkurrenz verschärfte sich, als die deutsche Nationalmannschaft die Weltmeisterschaft 1954 auch dank der von Rudi erfundenen Schraubstollen gewann, Adidas aber einen Vertrag mit Sepp Herberger abschließen konnte. Über einen Werbevertrag mit dem brasilianischen Fußballstar Pelé kam es zum finalen Bruch: Die Brüder sollen bis zu Rudis Tod kein Wort mehr gewechselt haben. Die beiden Firmen blieben bis zum Börsengang (Puma 1986, Adidas 1995) Familienunternehmen.

kraft der Entwicklung. Auf der Suche nach den benötigten Arbeitskräften warben auch fränkische Firmen seit den späten 1950er Jahren mehr und mehr „Gastarbeiter" an – zunächst aus südeuropäischen Ländern wie Italien, Griechenland, Spanien oder Portugal, später in großem Maße aus der Türkei. Der beschönigende Ausdruck implizierte, dass man solche Arbeitskräfte nach Bedarf auch wieder heimschicken könne; im Krisenjahr 1973 wurde denn auch ein Anwerbestopp verkündet. Gestützt wurde dieses Kalkül vom hartnäckig verteidigten politischen Dogma, dass Deutschland „kein Einwanderungsland" sei.

Das war es aber längst geworden, seitdem die „Gastarbeiter" hierzulande nicht nur Arbeit, sondern auch eine neue Heimat gefunden hatten. Der öffentliche Druck zwang schließlich die

Ankunft von Gastarbeitern in Erlangen.

Behörden, dem Nachzug von Familienangehörigen zuzustimmen, und mit jedem Jahr steigt seither die Zahl der Mitbürger, die hier geboren sind und einen „Migrationshintergrund“ besitzen. Seit 1999 herrscht zudem Arbeits- und Personenfreizügigkeit innerhalb der EU.

Die wichtigste Steuerung geht aber weiterhin von den Unternehmen und deren wirtschaftlichen Entwicklungen aus. In einer globalisierten Welt suchen und finden sie ihre Mitarbeiter längst weltweit. So stieg in den fränkischen Betrieben der Siemens AG der Anteil der Arbeitnehmer mit ausländischem Pass in den letzten zehn Jahren von 6,5 auf 7,75 %. Die Adidas AG in Herzogenaurach beschäftigt sogar 30 % ausländische Arbeitnehmer aus 80 Nationen.

Verschwundene Kreise und neue Wege

1972 verabschiedete der Bayerische Landtag eine Gebietsreform, welche die Struktur Mittelfrankens nachhaltig veränderte. Landkreise wurden zusammengelegt (z. B. Weißenburg-Gunzenhausen, Erlangen-Höchstadt), zum Teil unter neuem Namen geführt (z. B. Landkreis Roth, ehem. Landkreise Schwabach und Hilpoltstein, Nürnberger Land, ehem. Landkreise Nürnberg, Lauf und Hersbruck). Schmerzlich war für geschichtsbewusste Mittelfranken, dass der erweiterte Landkreis Eichstätt dem Bezirk Oberbayern zugeschlagen wurde.

Mit der Wiederzulassung der früheren Kfz-Kennzeichen findet das Lokalbewusstsein der alten Kreise seit 2013 eine charmante Ausdrucksform. Eichstätter müssen ihre historische Verbundenheit allerdings weiterhin mit einem Mittelfranken-Aufkleber ausdrücken.

Voraussetzung für die Zukunft Mittelfrankens als Wirtschaftsmotor Nordbayerns war der Ausbau der Infrastruktur, und hier waren zunächst bessere Verkehrsanbindungen gefordert. Die Reichsautobahn von Berlin nach München war 1941 fertiggestellt worden und wurde jetzt als Bundesautobahn A 9 geführt. Mit der A 3 war der Großraum Nürnberg ab 1964 mit Frankfurt und dem Rheinland verbunden; 1984 erreichte die A 3 die österreichische Grenze; Mittelfranken lag damit an der direkten Verbindung von Amsterdam nach Wien. Den Anschluss an die baden-württembergischen Wirtschaftsräume stellte 1979 die A 6 her. Da der Eiserne Vorhang den Austausch von Gütern und Personen massiv behinderte, endete die Weiterführung der A 6 zunächst bei Amberg. Die Grenzöffnungen ab 1989 ließen dann aber das Verkehrsaufkommen explodieren. Zwischen 1997 und 2006 wurde die durchgängige Verbindung bis Prag fertiggestellt, womit Mittelfranken zu einem der großen Verkehrskreuze Europas wurde. In einem kostspieligen Wettlauf mit dem stetig wachsenden Güterverkehr werden die bestehenden Trassen seit vielen Jahren sechsspurig ausgebaut.

Die Investitionen in die Schienenwege blieben dagegen lange Zeit bescheiden; sie konzentrierten sich auf die Elektrifizierung der Fernstecken und den Aufbau des Nürnberger S-Bahn-Netzes seit 1987, was für die Pendler Mittelfrankens einen deutlichen Fortschritt bedeutet und zu einem Bauboom entlang der S-Bahn-Strecken führt.

Richtig Geld in die Hand nahm und nimmt die Bahn für ihre Schnellfahrstrecken. 1991 wurde die Neubaustrecke Würzburg–Hannover mit Abzweigung nach Frankfurt in Betrieb genommen. Die Direktverbindung Nürnberg–Ingolstadt hat die Fahrzeit nach München seit 2006 auf eine gute Stunde verkürzt; dank der Neubaustrecke Richtung Erfurt und Berlin ist die Bundeshauptstadt jetzt in weniger als drei Stunden erreichbar.

Hafenstädte in Mittelfranken

Karl der Große hatte es versucht, König Ludwig I. war es gelungen, eine Kanalverbindung zwischen Main und Donau herzustellen. Schnellere und effizientere Alternativen ließen Ludwigs Kanal im Dornröschenschlaf enden. Der Traum lebte aber weiter; in den 1930er Jahren gab es erste Vorbereitungen für den Neubau. 1960 wurde das Projekt als Gemeinschaftsunternehmen von Bund und Freistaat in Angriff genommen. 1972 wurde Nürnberg erreicht, das sich nun, wie auch Erlangen und Fürth, Hafenstadt nennen konnte. Das Transportaufkommen blieb aber hinter den Erwartungen zurück, was zu mancherlei Spott Anlass gab (in Hamburg: „Schiff ahoi!", in Nürnberg: „Hoi a Schiff!"). Der Weiterbau durch das Altmühltal zur Donau traf auf heftigen Widerstand von Naturschützern; erst 1992 konnte die gesamte Wasserstraße freigegeben werden. Die Grenzöffnung nach Osteuropa brachte einen deutlichen Zuwachs an Warentransporten, der aber stagniert, da weder Kanal noch Donau für große Containerschiffe geeignet sind.
Überschattet wurde der Bau durch einen Dammbruch am 16. März 1979 im Nürnberger Vorort Katzwang. 14 Häuser wurden zerstört, 250 beschädigt. Ein Mädchen ertrank, neun Personen wurden verletzt.

Eines der Probleme beim Bau des Main-Donau-Kanals war die Bereitstellung von ausreichend Wasser. Überhaupt leidet das Einzugsgebiet der Rednitz unter Mangel an dem Element, das im Einzugsgebiet der Donau, zu dem Wörnitz und Altmühl gehören, reichlich vorhanden ist. So wurde in den 1970er Jahren ein Konzept aus der Vorkriegszeit aufgegriffen, das darin besteht, Altmühlwasser umzuleiten und künstliche Seen als Reservoir, aber auch als Erholungsgebiete und geschützte Biotope anzulegen. Zwischen 1986 und 2000 entstanden so Großer und Kleiner Brombachsee, Altmühlsee, Rothsee und Igelsbachsee, dazu die kleineren Speicher Hahnenkammsee und Dennenloher See.

Die Seenlandschaft hat sich zu einem erfolgreichen Tourismusziel entwickelt und stellt in einem eher strukturschwachen Gebiet einen wichtigen Wirtschaftsfaktor dar. Neben seinen

Mit dem Fränkischen Seenland – hier der Große Brombachsee – gewann Mittelfranken ein wichtiges touristisches Standbein.

historischen Städten hat Mittelfranken damit ein zweites touristisches Standbein gewonnen.

Westmittelfranken besitzt mit dem Fränkischen Freilandmuseum in (seit 1961) Bad Windsheim eine weitere touristische Attraktion. Das vom Bezirkstag 1976 beschlossene Projekt umfasst inzwischen über 100 Gebäude aus verschiedenen Regionen und Epochen und lockt mit einem breit gefächerten Begleitprogramm rund 190.000 Besucher im Jahr in die Kurstadt. Eine weitere familienfreundliche Attraktion im Bezirk bietet seit 15 Jahren der Playmobil Funpark in Zirndorf.

Politisch teilte Mittelfranken die weitgehend überraschungsfreie Stabilität der frühen Bundesrepublik. Die Industriestädte Nürnberg, Fürth, Erlangen und Schwabach waren verlässliche Hochburgen der SPD; im Gesamtergebnis Mittelfrankens bei Bundestags- und Landtagswahlen lag ebenso verlässlich die CSU vorne.

Gegen den Muff

Gegen den „Muff" der etablierten Eliten erwuchs in den späten 1960er Jahren zunehmender Widerstand v. a. der akademischen Jugend. Die Proteste der Studierenden Ende der 1960er, welche die gesamte deutsche Hochschullandschaft erfassten, gingen auch an Erlangen nicht vorbei. Zunächst wandten sie sich gegen interne Probleme wie schlechte Studienbedingungen. Ab 1969 radikalisierten sie sich in Richtung einer allgemeinen Systemopposition. Nach ersten, auch handgreiflichen Auseinandersetzungen schrieb die Studentenvertretung AStA einen offenen Brief an den Kanzler und verlangte Gewaltverzicht und Diskussionsbereitschaft.

Auch Schüler wurden vom Rebellionsgeist angesteckt: Drei Erlanger Schülerzeitungen veranstalteten im Jugendzentrum Frankenhof ein eigenes „Teach in" unter dem Motto „Der politische Winterschlaf der Schüler muss aufhören". Sie wehrten sich gegen prügelnde Lehrer und Willkür sowie gegen die Zensur ihrer Schülerzeitungen und forderten moderne Lehrmethoden. Hitler-Diktatur, politische Themen und sexuelle Aufklärung sollten Unterrichtsinhalte werden.

Insgesamt verlief die „1968er-Revolution" aber an den Hochschulstandorten Erlangen und Nürnberg weniger radikal und gewalttätig als an anderen Universitäten.

Wirtschaft in der Krise

Mit seinen Standbeinen Elektronik, Elektrotechnik, Maschinen- und Fahrzeugbau und Medizintechnik sowie Spezialindustrien, wie Spielwaren und Nahrungsmittel, war Mittelfranken gut aufgestellt für die Boom-Jahre der Bundesrepublik und eroberte sich den sechsten Platz unter den deutschen Industrieregionen. Seit den 1980er Jahren häuften sich allerdings die Zeichen, dass im globalen Wettbewerb die Zukunft alles andere als sicher war. Konkurrenz aus Fernost zwang 1984 sowohl das Zweiradwerk Zündapp wie den Grundig-Konzern in die Knie, der mit dem niederländischen Konkurrenten Philipps fusionierte, was das

Ende eines großen Unternehmens aber nur verzögerte. Ins Ausland verkauft wurde auch das Hausgerätewerk der AEG. Als die neuen Eigentümer die Produktion an kostengünstigere Standorte verlegen wollten, kam es 2005/06 zum härtesten Arbeitskampf der fränkischen Nachkriegsgeschichte. Ohne Erfolg – im März 2007 wurde das Traditionswerk geschlossen. Dasselbe Jahr sah auch das Ende des Quelle-Versandhauses. Photo-Porst war schon 2002 in Insolvenz gegangen.

Der Verlust so vieler Arbeitsplätze – weit über 100.000 – stellt für jede Industrieregion eine massive Krise dar. Die Arbeitslosenzahlen stiegen massiv; 2005 verzeichnete Nürnberg eine Quote von 13,5 %, ganz Mittelfranken 9,1 %. Die Offenheit der Mittelfranken für Innovation bewährte sich aber einmal mehr; an die Stelle der verschwundenen Großbetriebe traten kleinere, hochqualifizierte Zulieferfirmen, aber auch große Dienstleister wie das Marktforschungsinstitut GfK oder der Softwareentwickler Datev. Zu den Dienstleistern sind auch Behörden wie die Bundesagentur für Arbeit (BfA) und das Bundesamt für Migration und Flüchtlinge (BAMF) zu zählen. 2014 zog ein Teil des Bayerischen Staatsministeriums für Finanzen, Landesentwicklung und Heimat in das neue Heimatministerium in Nürnberg ein, und seit 2010 ist der Umzug des Landesamtes für Statistik nach Fürth im Gange. Insgesamt entstanden so weitaus mehr Arbeitsplätze als verlorengegangen waren. Der Großraum Nürnberg-Fürth-Erlangen gehört eindeutig zu den Wachstumsregionen Deutschlands.

Das ländliche Westmittelfranken erlebt dagegen noch eine stagnierende bis rückläufige Bevölkerungsentwicklung. Hier hofft man durch Strukturverbesserungen, wie etwa die Fortführung der S-Bahn bis Crailsheim, entgegenzusteuern. Das südliche Mittelfranken hat durch die Anbindung an die Schnellfahrtbahnstrecke Nürnberg–Ingolstadt–München seit 2006 einen deutlichen Aufschwung erlebt. Einen wichtigen Beitrag zur Belebung des ländlichen Mittelfrankens erhofft man sich auch durch den Ausbau der ehemaligen Fachhochschule Ansbach zur Hochschule für angewandte Wissenschaften mit Außenstellen in Herrieden, Feuchtwangen, Weißenburg und Rothenburg.

Luftaufnahme der Stadt Ansbach mit Residenz (mittig) und dahinter den Kirchen St. Gumbertus und St. Johannis

Der Tatsache, dass Wirtschaftsräume nicht an politische Grenzen gebunden sind, trug die Landesentwicklung mit der Einrichtung der „Metropolregion Nürnberg“ ab 2005 Rechnung. Mittelfranken stellt den Kernbereich; inzwischen gehören ganz Oberfranken sowie Teile Unterfrankens und der Oberpfalz wie auch der Kreis Sonneberg in Thüringen zur Metropolregion. Der Wirtschaftsraum zählt knapp 3,6 Mio. Einwohner und 1,9 Mio. Arbeitnehmer, die ein Bruttoinlandsprodukt von 134 Mrd. Euro erwirtschaften. Zusammen mit der wiedergefundenen Brückenfunktion nach Osteuropa ist die Metropolregion gut aufgestellt für die ökonomischen Herausforderungen des 21. Jhs.

Die wirtschaftlichen und demografischen Verwerfungen zeigen auch politische Auswirkungen: 1996 wurden in Nürnberg und Fürth erstmals CSU-Oberbürgermeister gewählt, während in Ansbach 1990 nach 40 Jahren CSU-Dominanz wieder ein SPD-OB ins Amt kam. Die schleichende Erosion der Volksparteien durch die zunehmende Diversifizierung der Bevölkerung hat sich auch in Mittelfranken beschleunigt. Bei der Bezirkstagswahl 2018 verlor die CSU die Kontrolle über das Gremium, dessen 33 Sitze jetzt auf neun Parteien verteilt sind.

Wie sehr unsere Region in die Probleme der Gesamt-Bundesrepublik eingebunden ist, zeigten die Verbrechen der Terrorgruppe des Nationalsozialistischen Untergrunds (NSU): Drei seiner migrantenfeindlichen Morde und ein Bombenanschlag wurden zwischen 1999 und 2005 in Nürnberg verübt. Dass die gewachsene Multikulturalität aber akzeptierter Teil mittelfränkischen Lebens geworden ist, bewies sich, als die fremdenfeindliche Pegida-Bewegung 2015 für einen Protestmarsch in Nürnberg gerade einmal 40 Anhänger mobilisieren konnte, die auf mehrere tausend Gegendemonstranten trafen.

Innovationstreben und Offenheit für Neues bei gleichzeitiger Bodenständigkeit: Das hat die Bewohner Mittelfrankens in ihrer Geschichte ausgezeichnet. Der Schriftsteller Hans Max von Aufseß (1909–93) hat dafür die originelle Formulierung gefunden: „Der Franke ist ein Gewürfelter“ – keine schlechte Voraussetzung, um im Würfelspiel der Geschichte zu bestehen.

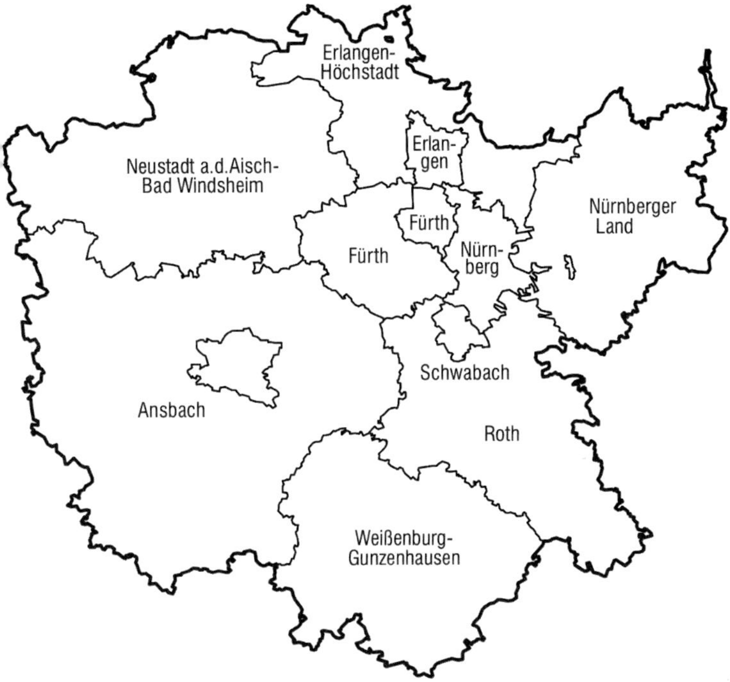

Mittelfranken mit Landkreisen (oben) sowie seine Lage in Bayern (unten)

Anhang

Zeittafel

vor ca. 200.000 Jahren	Älteste menschliche Kulturspuren
vor ca. 100.000 Jahren	Fossilien des *Homo sapiens neanderthalensis*
vor ca. 7000 Jahren	Jungsteinzeit, erste Bauern
um 1700 v. Chr.	Beginn der Bronzezeit
um 700 v. Chr.	Beginn der Eisenzeit
ca. 500–50 v. Chr.	Kelten in Mittelfranken
um 50 v. Chr.	Erste germanische Ansiedelungen
ca. 90–253/54 n. Chr.	Südmittelfranken Teil des Römerreichs, Bau des Limes
ab 6. Jh. n. Chr.	Expansion des Frankenreichs bis Mittelfranken
7. Jh. n. Chr.	Slawische Ansiedelungen bei verstärkter Grenzsicherung des Frankenreichs
ab ca. 700	Angelsächsische Mission
8./9. Jh.	Verstärkte fränkische Ansiedelung
742	Gründung des Bistums Eichstätt
793	Bau des Karlsgrabens *(Fossa Carolina)*
903–06	Babenberger Fehde um die Vorherrschaft in Franken
954	Friedensschluss von Langenzenn zwischen Otto I. und seinem Sohn Liudolf
1007	Das neugegründete Bistum Bamberg umfasst Teile Mittelfrankens
1050	Erste Erwähnung Nürnbergs, das Zentrum des Reichslandes wird
1062	Fürther Markt-, Münz- und Zollrecht wird an Nürnberg übertragen
ab ca. 1105	Grafen von Raabs Burggrafen in Nürnberg
ab 1137	Franken als Kerngebiet staufischer Herrschaft, Konrad III. errichtet die Burg Rothenburg
ca. 1170–1220	Wolfram von Eschenbach, Dichter des „Parsifal“
seit 1190/92	Hohenzollern Burggrafen von Nürnberg
1219	Nürnberg erhält von Friedrich II. den Großen Freiheitsbrief
1248	Windsheim Freie Reichsstadt
1274	Rothenburg Freie Reichsstadt
1298	„Rintfleisch-Pogrom“ gegen die Juden
1306	Weißenburg Freie Reichsstadt

1314–78	Die Kaiser Ludwig IV. „der Bayer“ und Karl IV. fördern die Reichsstädte, v. a. Nürnberg; Ost-Mittelfranken wird Teil „Neuböhmens“
1348/49	Der Schwarze Tod verschont Mittelfranken weitgehend, dennoch kommt es zu schweren Judenverfolgungen
1356	Reichgrundgesetz der „Goldenen Bulle“
1398	Dinkelsbühl sichert sich die Reichsfreiheit
1408	Rothenburgs Bürgermeister Toppler stirbt im Kerker
1415	Friedrich VI. von Hohenzollern wird Kurfürst von Brandenburg; die fränkischen Lande werden von Nebenlinien regiert
1423–1796	Die Reichskleinodien werden in Nürnberg aufbewahrt
1449–53	Albrecht Achilles führt den Ersten Markgräflerkrieg
1500/17	Einrichtung des Fränkischen Reichkreises (bis 1806)
1503/04	Landshuter Erbfolgekrieg bringt Nürnberg große Gebietsgewinne
1525	Bauernkrieg erfasst Westmittelfranken
ab 1525	Ausbreitung der Reformation in Mittelfranken
1528	Tod Albrecht Dürers
1529	Schwabacher Artikel fassen die evangelische Lehre zusammen
1552–53	Zweiter Markgräflerkrieg unter Albrecht Alcibiades
ca. 1590–1640	Höhepunkt der Hexenverfolgung in Mittelfranken
1618–48	Dreißigjähriger Krieg
1632	Belagerung und Kampf um Wallensteins Heerlager auf der Alten Veste bei Fürth
1649/50	Abschließender Friedenskongress in Nürnberg
ab 1685	Aufnahme geflüchteter französischer Hugenotten v. a. in den Markgrafschaften; Gründung der Neustadt von Erlangen
1743	Gründung der Universität Erlangen
1769	Wiedervereinigung der Markgrafschaften Ansbach und Bayreuth
1770–72	Hungersnot in Franken
1791	Mit der Abdankung Karl Alexanders fallen Ansbach und Bayreuth an Preußen
1793–96	Tieck und Wackenroder entdecken das romantische Franken
1796	Erste französische Besetzung
1803	Mit dem Reichsdeputationshauptschluss fallen u. a. das Bistum Eichstätt und die Reichsstädte Rothenburg, Weißenburg und Windsheim an Bayern

1806	Ansbach-Bayreuth sowie Nürnberg werden bayerisch
1808	Bildung des Rezatkreises mit der Hauptstadt Ansbach
1818	Bayerische Verfassung
1828	Kaspar Hauser taucht in Nürnberg auf; er stirbt 1833 gewaltsam in Ansbach
1834–46	Bau des Ludwig-Donau-Main-Kanals
1835	Erste deutsche Eisenbahn von Nürnberg nach Fürth
1837	Neubenennung der fränkischen Regierungsbezirke
1847	Erstes Gaswerk Bayerns in Nürnberg
1848/49	Während der Märzrevolution kommt es zu Forderungen nach fränkischer Unabhängigkeit
1854	Wilhelm Löhe gründet die Diakonissen-Anstalt Neuendettelsau
1857	Gründung des Germanischen Nationalmuseums in Nürnberg
1860/61	Fund des „Urvogels“ Archaeopteryx in Solnhofen
1871	Mit der Kaiserproklamation Wilhelms I. wird Mittelfranken Teil des Deutschen Reiches
um 1880	Nürnberg überschreitet die Einwohnerzahl von 100.000
ab 1881	Die Sozialistische Arbeiterpartei Deutschlands (ab 1890 SPD) gewinnt und hält den Nürnberger Reichstagssitz
1894–1900	Chlodwig von Hohenlohe-Schillingsfürst Reichskanzler unter Wilhelm II.
1914–18	Erster Weltkrieg
1918–20	Spanische Grippe wütet auch in Mittelfranken
1919	Revolution der Arbeiter- und Soldatenräte in Fürth und Ansbach scheitert nach wenigen Tagen
ab 1923	Julius Streicher (ab 1925 Gauleiter der NSDAP in Franken) gibt das anti-jüdische Hetzblatt „Der Stürmer“ heraus; ab 1928 veranstaltet er „Frankentage“ auf dem Hesselberg
1927–1938	Parteitage der NSDAP (ab 1933 Reichsparteitage) in Nürnberg; Bau des Reichsparteitagsgeländes ab 1934
1935	„Nürnberger Gesetze“ führen zu Diskriminierung und Entrechtung der Juden
1938	Reichspogromnacht
1939–45	Zweiter Weltkrieg
ab 1941	Schwere Bombenangriffe, v. a. auf Nürnberg; Zustrom von Flüchtlingen und Heimatvertriebenen

1945	20. April: Kriegsende in Mittelfranken
ab 1946/48	Verlagerung großer Teile des Siemenskonzerns nach Erlangen
1945–49	Kriegsverbrecherprozesse in Nürnberg
1949–63	Ludwig Erhard erster Wirtschaftsminister der Bundesrepublik Deutschland
ab 1950	Internationale Spielwarenmesse in Nürnberg
1952/53	Verlegung von Bundesbehörden nach Mittefranken: „Bundesanstalt für Arbeit“ und das heutige „Bundesamt für Migration und Flüchtlingswesen“
1955	Neuer Flughafen Nürnberg (NUE) eröffnet
1960–92	Bau des Rhein-Main-Donau-Kanals
1972	Gebietsreform schafft neue Groß-Landkreise; Eichstätt fällt an Oberbayern; Zusammenlegung der Universität Erlangen-Nürnberg; Eröffnung der Nürnberger U-Bahn
1974–2000	Anlage des Fränkischen Seenlandes
1987	Beginn der S-Bahn-Betriebs im Großraum Nürnberg
1990	SPD-Bürgermeister in Ansbach
1996	Bürgermeisterwahlen gehen an die CSU in Nürnberg, Fürth und Erlangen
1999–2005	Anschläge und Morde des rechtsradikalen NSU im Raum Nürnberg
2001	Eröffnung des Dokumentationszentrums Reichsparteitagsgelände
2003–09	Massive Arbeitsplatzverluste durch Schließung von Grundig, Quelle und AEG
2005	Gründung der Metropolregion Nürnberg; Aufnahme des germanisch-raetischen Limes ins das UNESCO-Welterbe
2006	Eröffnung der Bahnschnellfahrstrecke nach München
2009	Die 1996 gegründete Fachhochschule Ansbach wird zur Hochschule für angewandte Wissenschaften Ansbach ausgebaut, mit Außenstellen in Herrieden, Weißenburg, Feuchtwangen und Rothenburg
ab 2014	Verlagerung von bayerischen Landesbehörden nach Mittelfranken: Heimatministerium, Landesamt für Statistik, Staatsministerium für Gesundheit und Pflege
2018	CSU verliert Mehrheit im Bezirkstag

Generalkreiskommissare (bis 1837) und Regierungspräsidenten

Friedrich Graf von Thürheim 1808
Max Freiherr von Lerchenfeld 1808–09
Friedrich Graf von Thürheim 1809
Ernst Freiherr von Dörnberg 1810–17
Karl Graf von Drechsel 1817–26
Arnold von Mieg 1826–32
Franz Edler von Stichaner 1832–38
Friedrich Reichsgraf von Giech 1838–40
Ferdinand Freiherr von Andrian-Werburg 1840–47
Karl Freiherr von Welden 1847–49
Bernhard Ritter von Volz 1849–54
Max von Gutschneider 1854–63
Wilhelm Freiherr von Pechmann 1863–66
Gottfried Ritter von Feder 1866–79
Hugo Freiherr von Hermann 1879–89
Julius Ritter von Zenetti 1889–97
Karl Ritter von Schelling 1897–1902
Ludwig Freiherr von Welser 1902–09
Julius Ritter von Blaul 1909–22
Dr. Ludwig Huber 1922–28
Dr. Gustav Rohmer 1928–33
Hans Georg Hofmann 1933–34
Hans Dippold 1934–44
Heinrich von Kalben 1944–45
Ernst Reichard 1945
Dr. Hans Schregle 1945–58
Karl Burkhardt 1958–75
Heinrich von Mosch 1975–95
Karl Inhofer 1995–2007
Dr. Thomas Bauer seit 2008

Bezirkstagspräsidenten

Michael Poeschke (SPD) 1954–59
Dr. Andreas Urschlechter (SPD) 1959–62
Dr. Hans Küßwetter (CSU) 1962–65
Dr. Ignaz Greiner (CSU) 1965–78
Georg Holzbauer (CSU) 1978–90
Gerd Lohwasser (CSU) 1990–2003
Richard Bartsch (CSU) 2003–18
Armin Kroder (FW) seit 2018

Literatur (Auswahl)

1250 Jahre Ansbach, Ansbach 1998

Absolutismus in Franken, Ansbach 1998

Brenner, Michael, Die Juden in Franken, Berlin 2012

Bürmann, Ingrid, Sie kamen als Vertriebene und blieben als Mitbürger, Schnaittach 1997

Buhl, Wolfgang (Hg.), Fränkische Reichsstädte, Würzburg 1987

Der Nationalsozialismus in Franken, München 1979

Diefenbacher, Michael / Beyerstedt, Horst-Dieter / Bauernfeind, Martina, Nürnberg – Kleine Stadtgeschichte, Regensburg [2]2017

Diefenbacher, Michael / Endres, Rudolf, Stadtlexikon Nürnberg, Nürnberg 2010

Dippolt, Günter / Wirz, Ulrich, Die Revolution 1848/49 in Franken, Bayreuth 1998

Friedrich, Christoph u. a. (Hg.), Erlanger Stadtlexikon, Erlangen 2002

Frühwald, Ernst, Der Zweite Weltkrieg in Franken, Sennfeld 1991

G/Geschichte 11/86, Die Stadt im Mittelalter, Nürnberg 1998

G/Geschichte 03/98, Markgrafen und Mäzene. Die Hohenzollern in Franken, Nürnberg 1998

G/Geschichte Spezial, Juden in Europa, Augsburg 2017

Geschichte Bayerns im Industriezeitalter, Stuttgart 1997

Hambrecht, Rainer, Der Aufstieg der NSDAP in Mittel- und Oberfranken, Nürnberg 1976

Henker, Michael / Weber, Renate (Hg.), Bayern entsteht. Montgelas und sein Ansbacher Mémoire von 1796, Augsburg 1996/97

Kirmeier, Josef / Schuhmann, Jutta / Lengle, Peter, 200 Jahre Franken in Bayern 1806 bis 2006, Ausstellung im Industriemuseum Nürnberg, Bobingen 2006

Kammerl, Rainer, Weißenburg i. Bayern, Regensburg 2003

Kluxen, Andrea M. / Krieger, Julia (Hg.), Fremde in Franken – Migration und Kulturtransfer, Würzburg 2016

Kluxen, Andrea M./ Krieger, Julia (Hg.), Geschichte und Kultur der Juden in Nürnberg, Würzburg 2014

Kluxen, Andrea M./Krieger, Julia (Hg.). Geschichte und Kultur der Juden in Rothenburg o. d. T., Würzburg 2012

Kluxen, Andrea M./ Krieger, Julia/ May, Andrea, Juden in Franken 1806 bis heute, Würzburg [3]2011

Kraus, Andreas, Geschichte Bayerns. Von den Anfängen bis zur Gegenwart, München 2013

May, Andrea (Hg.), Der Limes. Rekonstruktionen, Nachbauten und andere Visualisierungsmöglichkeiten, Würzburg 2019

Mayer, Manfred / Holzmann, Hubert (Hg.), Die Markgrafen von Ansbach und ihre Vorfahren, die Burggrafen von Nürnberg, Erlangen 2002

Metzger, Franz (Kurator), Fremde in Franken, Ausstellung des Bezirks Mittelfanken, 2015
Metzger, Franz / Feuerstein-Praßer, Karin, Die Geschichte des Ordenslebens, Freiburg i. B. 2006
Müller, Gerhard / Weigelt, Horst / Zorn / Wolfgang (Hg.), Handbuch der Geschichte der evangelischen Kirche in Bayern. Bd. II: 1800–2000, St. Ottilien 2000
Müller, Rainer A. / Buberl, Brigitte (Hg.), Reichsstädte in Franken, München 1986
Naturhistorische Gesellschaft Nürnberg, Führer durch das Naturhistorische Museum, Nürnberg 2011
Peters, Michael, Geschichte Frankens vom Ausgang der Antike bis zum Ende des Alten Reichs, Gernsbach 2008
Pfeiffer, Gerhard, Nürnberg – Geschichte einer europäischen Stadt, München 1982
Rupp, Horst F. / Borchardt, Karl (Hg.), Rothenburg ob der Tauber. Geschichte der Stadt und ihres Umlandes, Darmstadt 2016
Sayn-Wittgenstein, Franz Prinz von u. a., Schlösser in Franken, München 1985
Schäfer, Hans-Peter, Die Anfänge der fränkischen Eisenbahn, Würzburg 1985
Schiener, Anna, Kleine Geschichte Frankens, Regensburg [6]2019
Schmidt, Alois / Weygand, Katharina (Hg.), Schauplätze der Geschichte in Bayern, München 2003
Schubert, Ernst, Arme Leute. Bettler und Gauner im Franken des 18. Jahrhunderts, Neustadt (Aisch) 1990
Spindler, Max / Kraus, Andreas u. a. (Hg.), Handbuch der Bayerischen Geschichte, München 2007
Steidle, Hans, Die Entstehung der frühmittelalterlichen Gesellschaft, Würzburg 1989
Weinfurter, Stefan, Eichstätt im Mittelalter. Kloster – Bistum – Fürstentum, Regensburg 2010
Weinke, Annette, Die Nürnberger Prozesse, München 2015
Weinlich, Edgar, Der Limes als antike Grenze des Imperium Romanum, Würzburg 2014
Weiß, Dieter (Hg.), Barock in Franken, Dettelbach 2004
Zelnhefer, Siegfried, Die Reichsparteitage der NSDAP, Nürnberg 1991

Register

Personen

Orte

Bildnachweis

akg-images: 79 (André Held), 85, 115 (picture-alliance, Karl Schnörr)
Alamy Stock Photo: 86 (imageBROKER, Martin Siepmann)
Bayerische Staatsgemäldesammlungen: 99 (Inv.-Nr. 7190)
Bayerische Verwaltung der staatlichen Schlösser, Gärten und Seen: 58 (Maria Scherf/ Andrea Gruber)
bpk: 76, 88 (Deutsches Historisches Museum, Arne Psille), 108 (Bayerische Staatsbibliothek), 118
City Marketing Dinkelsbühl: 87 (Ingrid Wenzel)
Germanisches Nationalmuseum: 17 (Vb8007)
https://commons.wikimedia.org: 12 (H. Raab (User:Vesta), CC BY-SA 3.0), 28 (Tilmann2007, CC BY-SA 4.0), 36 (User:Gandalf~commonswiki), 44/45 (Georg Braun; Frans Hogenberg), 49 (Taxiarchos, CC BY-SA 3.0), 55 (Klaus Graf, CC BY-SA 3.0), 67, 71 (Lucas Cranach d. J.), 93 (Johann Baptist Homann), 130 (various), 135 (Silar), 137 (Indigma, CC BY-SA 4.0), 139 (Keystone), 144 (USAMHI – United States Army), 151 (El-mejor, CC BY-SA 3.0)
Museum Weißenburg: 22 (Simon Sulk)
Michael Vogel: 154/155
Pixabay: 53 (bboellinger)
Simon Sulk: 19
Staatsarchiv Nürnberg: 65 (Rst. Nürnberg, Handschriften 399a)
Stadtarchiv Erlangen: 148
Stadtarchiv Fürth: 123
Stadtarchiv Nürnberg: 120 (A5 1197)
Stadtarchiv Rothenburg: 56
Stadtarchiv Würzburg: 31 (Ratsbuch 412, fol 21r)

Umschlagmotive: Vorne: Die Ludwigs-Eisenbahn mit Nürnberg und Kaiserburg im Hintergrund (Stadtarchiv Nürnberg A5 1197); Hinten (v. l. n. r.): Innenansicht der Kaiserburg in Nürnberg (Pixabay (Duernsteiner, 5014034)), Skelett des Archeopteryx (https://commons.wikimedia.org (H.Raab (User:Vesta), CC BY-SA 3.0)), Luftaufnahme des Großen Brombachsees (https://commons.wikimedia.org (El-mejor, CC BY-SA 3.0))